ちくま文庫

ほめる力

「楽しく生きる人」はここがちがう

齋藤孝

筑摩書房

ほめる力——目次

ほめる力——「楽しく生きる人」はここがちがう

本文イラスト　ユタカナ

はじめに「ほめコメント」の量的緩和をはかろう

ここ何年か大学で教えていて、私が痛感していることがある。

それは、学生たちに「ほめる力」が不足していることである。

大学生同士、四人一組になって、順番にプレゼンテーションをしていき、一つ終わるごとに自由に意見を言ってもらう。すると、意外に厳しい意見が多くなってしまった。いちゃもんのような否定的意見を言われて、疲れ果ててしまう学生も出た。授業後の感想にも「発表したら、けなされてくじけた」とか「今日のグループは疲れた」という感想が多い。せっかくのグループ学習なのに場の空気が盛り下がっている。全員で損をしあっているとしか思えない。否定的なコメントが損な関係を作っている。

そこである時期から私の授業では「ほめて、ほめて、ほめまくれ」ということを徹底するようにした。称賛につぐ称賛だ。これを課題にして、ようやくコミュニケーションがスムーズになり、場があたたまった。

なぜこんなにも「ほめる力」が足りないのかというと、もともと日本人は小さい頃からほめられ慣れていないからだと思う。

学生たちに話を聞いてみても、ほめられるより、足りないところを指摘される回数が圧倒的に多かったということだった。私が、あるすばらしい発表をした男子学生を絶賛したところ、その学生は授業後に「今まで家で一度もほめられたことがないので、ほめられても素直に受けとれません」と言っていた。

NHKの『プロジェクトX』という番組を見ても、部下をほめている上司はあまり登場しなかった。そもそも日本人はほめられて成長するような育てられ方をしてこなかったのだ。武士がその典型だが、松下村塾の吉田松陰を見ても、何もほめられずに大人になり、あれだけ偉大な思想家になった。ほめられなくても平気だし、ほめてほしいという人もあまりいなかった。それが連綿と続く日本人の伝統だったのだ。

しかし欧米の自己主張と自己称賛の文化が入ってくると、日本人の間にも「ほめられたい」という当然の欲求が起きてきた。日本人だってほめられたいのだ。だが、ほめてくれる人はいない。そこに需要と供給のアンバランスが生じて、やがて自己否定感につながっていってしまったのが、いまの日本の状況ではないかと思っている。

自分にも他人にも厳しい従来の生き方が〝定刻発車〟的な日本人の正確さになっているとも言えるので、ほめない文化すべてが悪いとは言わないが、それが自己否定感につながっていったところに、いまの日本の不幸があるのではないだろうか。

ある医者に言わせると、うつ気味の人が日本人の三分の一はいるという。何となく気分が落ち込み気味だとか、細かいことが気になってしかたがないという人を含めれば、まさに自己否定感は日本の国民病といってもいいだろう。

だとすると、**もう少し自己肯定感をつけるためにも、「ほめコメント」の総量を増やすべきではないか**、というのが私の考えだ。もちろん「ほめられなくても大丈夫な自我をつくる」という方向性もあると思うが、これにはデカルト的な「我思う、故に我あり」という自立した自我が必要なので、かなり大変である。

日本の空気は、もっと相互依存的に社会が成り立っているから、デカルト的な「他の人が何と言おうと関係ない」という方向には行きにくいだろう。

ならば「ほめる力」をお互いに磨いて、「ほめコメント」の総量を増やし、称賛の総量を増やしていくということで、自己肯定感をつけていけないだろうか。「**ほめコメント」を社会の貨幣として大量に流通させることによって、互いの感情の行き来が**

スムーズになるのではないか、と私は強く思っている。

私は、自分の授業をとる学生には「一生、ほめて、ほめて、ほめまくる人生を歩んでくれ」というふうに伝えている。「そうすれば君たちは出世する。君たちは結婚できる。君たちは誰からも好かれていい人生が送れる。だから、ほめて、ほめて、ほめまくるのだ」。

この本では、私が大学で学生に実践したり、専門である教育学の中から抽出したりできる「ほめる力」の身につけ方について紹介している。

「ほめる力」を身につければ、自己肯定感が強くなるだけでなく、ほめられて嫌な気持ちになる人はいないから、人間関係が円滑にいく。つまり、人生そのもののクオリティを高めることができるのだ。

最近は「クオリティ・オブ・ライフ＝ＱＯＬ」という言い方をするが、「ほめる力」があれば、ＱＯＬを高めることができる。

その意味では「ほめる力」は「道具」というより「目的」というべきである。「ほめる力」自体が生きていくことの目的であり、生きている活動の中心であると位置づけたい。そして自己肯定力をつけて質の高い人生を送るために、ぜひこの本で「ほめる力」を磨いてほしいと思っている。

第一章

「ほめる力」の効用

ほめる力は人生の質を高める最大の武器

なぜほめない損に気がつかないのか

先日、こんな経験をした。

シンポジウムで初めてお会いした方だったが、会うなり、「先生の『雑談力が上がる話し方』、読んでますよ。いま、いろいろつかわせていただいてます。とても役に立ってます」と言われたのだ。初対面でいきなり私の本をほめてくれ、「それを読んでつかっています」と言われると、悪い気がしない。

私はすっかりいい気分になって、その人のことを好きにすらなってしまった。そのあとのシンポジウムが盛り上がったのは言うまでもない。

人間はほめられて、相手に悪い感情を持つのは難しい。だから最初に相手をほめて好意を持ってもらえると、あとの展開がひじょうにスムーズである。

だがもしこれが無愛想な人で、初対面で会ったときも、「あっ」というくらいの通りいっぺんの挨拶だったら、あれほどシンポジウムが盛り上がっただろうか。

人はいつも何気なく接しているつもりだが、たったひと言、「ほめコメント」があるかないかで、相手に対する印象も、自分のモチベーションや場の雰囲気もまったく違うものになってしまう。

そもそも人間関係をつくる土台はコミュニケーションである。コミュニケーションがうまくとれないと、人生を送っていく上でいろいろと支障が生まれて来る。コミュニケーションは、とれないよりとれたほうがいいに決まっている。そのほうがはるかに楽しく、スムーズに人生をすごすことができる。

ここまでは誰でも知っていると思うが、コミュニケーションを人並みにとっているつもりでも、実は損をしていることに意外にみな気づいていないのだ。まずは、自分がもしかしたら損をしているのかもしれない、というマイナスを自覚化するのが、「ほめる力」をつける最初のスタートだと思う。

なぜかというと、コミュニケーションは一人ひとりの固有の癖で成り立っている。そのいろいろな癖の集積で他人と会っているために、その癖ゆえに損な印象を与えていることもあるからだ。自分では「普通に」会話しているつもりだが、その「普通」

は個々の癖の集積によって、千差万別な様態を示す。まったくフラットなゼロの地点の「普通」など存在しないのだから、自分の「普通」は「普通」ではない。そこを忘れてはいけない。

たとえば上下関係があるのに、スッと甘えた感じで入ってくる人がいる。それが彼(彼女)にとっては「普通」のコミュニケーションだったとしても、誰にとっても「普通」ではない。

そういうコミュニケーションができるのは、兄弟関係で下の人が多い。家庭内での会話のスタイルや、兄弟間での位置や、いままでどのような人生の航路をたどってきたかによって、「甘える」というコミュニケーションの癖がついてしまっている。

ある程度の親しさが許容される関係なら、その〝甘え癖〟は親しみやすさとなって、プラスに作用するだろう。だがその癖が許されない場所もある。

タレントのローラの〝タメ口〟も、許される人と許されない人がいる。そもそも、ローラ固有の〝タメ口〟のコミュニケーションを他の人がやると、おそらく総スカンをくうに違いない。

何が言いたいのかというと、自分でも知らず知らずに身についてしまった癖の集積は、つねに裏メッセージのような形で相手にさまざまな印象を与えてしまっているのだ。それがプラスに働く場合もあるが、マイナスになることもあると知っておくべきだ。

たとえば言っていることはちゃんとしているのに、ノリのテンポが悪くて損をしている人がいたり、逆にノリが良すぎて「軽薄な人だ」と思われていたりする。それはすべてその人のコミュニケーションの癖が与える印象である。

私は大学やセミナーで、まったく知らない人同士でグループをつくり、話し合いをしてもらうことがよくある。最後にどの人が話しやすいか、話しにくいか、投票をしてもらう。そしてグループを次々と変えていく。

すると「この人と話すととてもリアクションがよくて、アイデアがどんどん出た」とか「この人は話しづらくて、すごく疲れた」など、いろいろな反応が出る。「話しやすい人」「話しにくい人」はある程度票が固まってくるのだが、本人は自分で気づいていないことが多い。

日常生活ではこんな投票などしないから、もし自分が「話しにくい人」になっていたとしても、気づくのは難しい。

またその集団では「話しやすい人」「感じがいい人」と思われても、性質が違う別の集団に行くと「軽薄そうで信用できない」とか「調子がいいだけ」と思われるかもしれない。人に好き好きがあるように、コミュニケーションのしかたや好みもそれぞれだから、相手によってどう受け取られるかはわからない。


人間関係の〝癖のリスク〟を回避できるのが「ほめコメント」だ。長年にわたって蓄えられた固有の癖の集積を変えることは難しいが、たったひと言「ほめコメント」を添えるという習慣をつけておくだけで、かりに「話しにくい」コミュニケーションの癖の集積があったとしても、かなりの部分をカバーできるだろう。

「普通にコミュニケーションをしているつもりでも、もしかしたら損をしているかもしれない」という前提に立って「ほめる力」を磨いていくのがＱＯＬを高める一番の方法なのだ。

ひと言ほめる。

それだけで場をなごませ、相手に好意を抱かせ、対話がスムーズになるとしたら、なぜそれをやらないのか。それをしない損をよく自覚し、「ほめる力」を技化《わざか》してもらいたいと思う。

ほめられてしゃべるのは、快感だ

先日、脳科学者の澤口俊之先生にうかがったのだが、人間は自分の話をしていると、脳内にドーパミンに似た快感物質が出てくるそうだ。とくに自分の秘密や隠し事、言いたいけれど言いにくい自慢などをしゃべると、ものすごく快感になるという。

みんなが自分の話ばかりしゃべりたがるのも、快感物質のせいだと言われると、ひじょうに納得できる。犯罪者でも、一度犯行を認めてしまうと、あれこれ話し出すことが多いと、検事の方から聞いたことがある。やはり人間はしゃべる快感には勝てないのだ。

大学の授業で「三人でひとつのグループになって、この課題について六分で話し合ってください」というと、一人二分ずつが持ち時間になるが、たいてい誰かが半分以上しゃべってしまう。

これは「しゃべっている人を邪魔したくない」という日本人特有の遠慮の心理が働いて、残りの二人が黙ってしまうという場合もあるが、ほとんどはしゃべっていると「ただひたすら気持ちがいい」ので、一人がずっとしゃべり続けてしまうというケースが多いのである。

放っておくと、いつまでもしゃべっているので、私はストップウォッチで時間を区切ったり、パス回しのように回して、しゃべる時間を強制的に自覚してもらっている。あるいは、まん中にペットボトルを置いて、しゃべっている間はそのペットボトルを持つようにすると、しゃべりすぎが抑えられる。

ことほどさように、話すことは気持ちがいい。だから聞き上手は好かれる。相手のことをほめて相手が自身のことを話しやすくすれば、さらに相手はごきげんになる。何しろ、自分がほめられてうれしい上に、自分のことを話してもいいのだから、これほど気分がいいことはない。

私は大学で「ほめて、ほめて、ほめまくる」という練習メニューをつくって、学生にやってもらっている。授業でそのメソッドをしつこく練習してみたところ、ものすごく評判がよくて、「バイト先の雰囲気が全然変わりました」とか「塾で教えていて、子どもたちがみな言うことを聞いてくれるようになりました」など、絶賛の嵐だった。

日本人はほめられることが少ないので、ほめられるとどれほどうれしいことなのか、実感として理解していない。だから「ほめられて、自分の話をすると、こんなにうれしいのだ」という体験を相手にプレゼントしてあげると、ものすごく大きな反響が返ってくる。

教え子で高校の教員をやっている卒業生がいる。彼の高校は偏差値が低いほうの部類に属しているので、人生であまりほめられたことがない生徒が集まっているそうだ。「だから、もう全員をほめまくるようにしています」と彼は話していた。ほめて、自分の話をさせるように水を向けると、みな表情が見違えるように生き生きして、自分のことを話し出すという。そのあと用事を言いつけると張り切ってやるというから、「ほめる力」にはすごい力がある。

話す快感に「ほめられた喜び」が加わって、気持ちよさが倍加する。コミュニケーションにおいて、これを使わないのは本当にもったいない。

相手をほめると、自分も気持ちがよくなる

「ほめる力」の効用は、ほめられた人を気持ちよくさせるだけではない。実はほめた当人も気持ちがよくなるという〝隠れ作用〟がある。

人を笑わせて場をなごませると、笑っている人だけでなく、笑わせている自分も楽しくなる。それと同じように、人をほめていると、ほめている自分も気分がよくなるのだ。

だから人をほめるのは、人のためではなく、自分の精神衛生のためにやっているのだと思えばいい。

会議で自分の意見が否定されてしまったとき、普通はちょっとカチンと来るが、「いやあ、そうですよね。そういう見方はたしかにあります。ある、ある。全然気がつかなかったです」というようにちょっとほめてみるといい。すると相手ばかりでなく、自分のダメージもむしろ軽くなる。

正面衝突は避けて、むしろ相手の視点をほめる。すると、相手の気持ちがゆるやか

になる。そして結局、結論は自分の方向に近づけていくというようなテクニックを私もときどき実践しているが、これはほめて相手を気持ちよくさせると同時に、自分の気分も盛り上げて、場を温める効果がある。互いに気持ちがよくなるので、結論がどちらに転んでも、それほど根に持たなくてすむ。相手と自分の双方を「肯定していく技術」である。

このように相手をほめる技は、表向きは相手を肯定する技術なのだが、実は自己肯定につながっていくというところにポイントがある。**相手をほめると、なぜ自己肯定につながるのかというと、人をほめたり共感したりするのは、自分の中の嫉妬心やねたみを減らしていく作用があるからだ。**

体の中の善玉菌と悪玉菌を考えてもらうとわかりやすい。嫉妬心や不満など相手に対する悪い感情を悪玉菌とすると、批判力のある人は、当然悪玉菌が多い。

まったく人の嫌なところは目に入らない、善玉菌だけしかない、という人は、私はどうかと思う。適切な批判的眼力は必要だ。能力が高い人ほど人の欠点や足りないところ、あるいは自分より優れたところが見えて、嫉妬やねたみ、競争心といったネガ

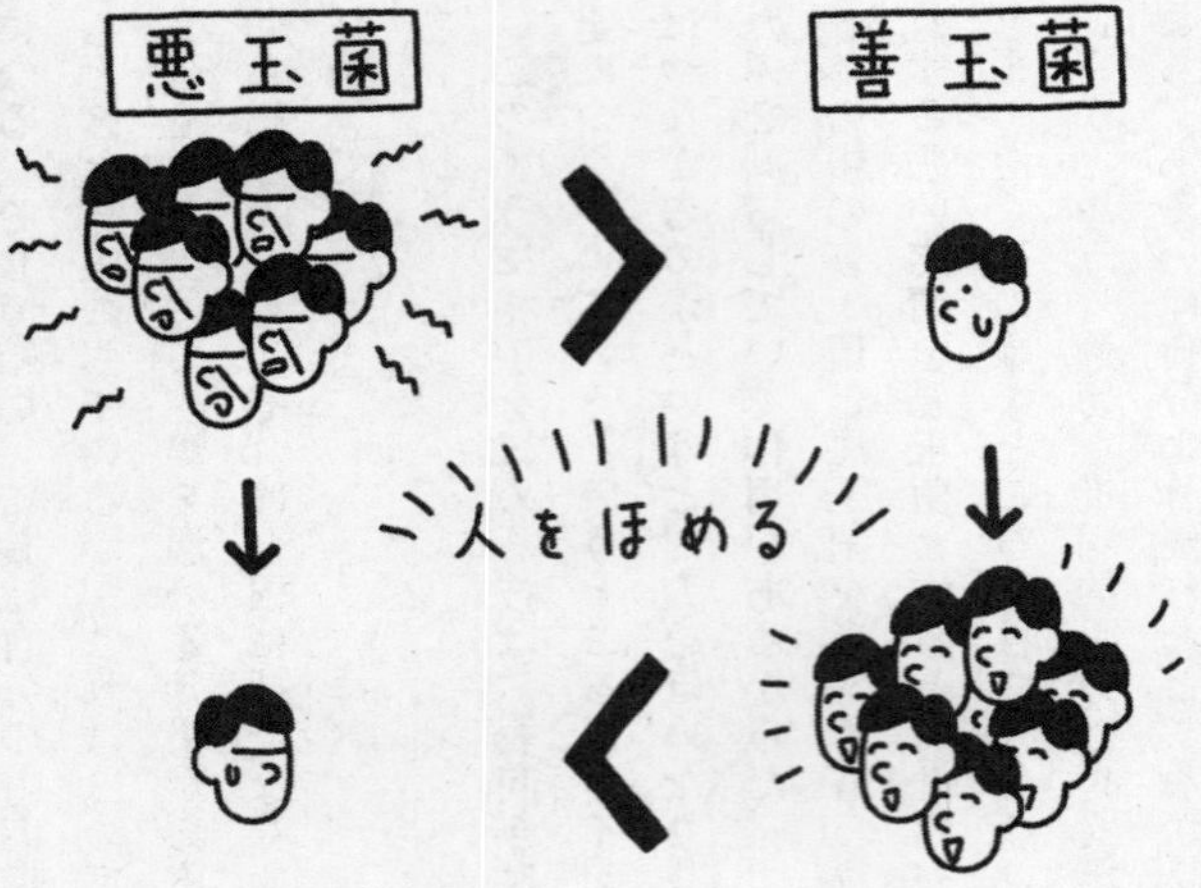

ティブな感情を持ってしまうこともある。あの手塚治虫も晩年まで、競争心と嫉妬心を抱えて生きていたようだ。

とはいえ、嫉妬心はできるだけ少ないほうが気が楽になる。自分のほうが劣っているのではないかという恐怖心ゆえに怯えが出てしまい、相手に対して素直に称賛ができないのでは自分も苦しい。あるいは「否定コメント」しかできなくなってしまう。そのドツボにはまると、本当に否定ばかりの「ちっちゃい人間」になってしまうので注意が肝心だ。

福沢諭吉も『学問のすゝめ』の中で、ねたみが一番良くないと言っている。自分の中のねたみ対策は、自分にとって大切なのだ。

そこでひとつ器を大きくするために、「ほめコメント」をしてみるのだ。すると、劇的に嫉妬やねたみが減っていき、劣等感が小さくなって、自分を肯定できるようになる。うそだと思われるなら、ぜひ一度試してみてほしい。本当にどす黒い悪玉菌が減っていく。

これは私自身もずいぶん練習してきたことである。というのも、私はあらゆる男を見たときに、すぐに競争意識が働いてしまって、「このままこの場で乱闘が起こったら、自分が一番強いな」というバカなことばかり考えていた時期があるからだ。

学生時代、大学で授業やゼミに出ているときでも、「頭脳で勝つだけじゃなくて、けんかをしても多分俺が一番強い」といつも考えていた。そんなことを相手は何も考えていない場でも、自分一人で妄想していたのだから、本当にバカかと思う。

そんなふうだったから、自分の彼女がほかの男をほめようものなら大変だった。「あんな奴のどこがいいんだ」と延々と批判を始めてしまい、必ず場の空気が悪くなってしまった。そこで得たものは、「器がちっちゃい！」「すぐほかの人をけなす」という最悪の評価だった。

それはいまでも反省している点だが、なぜそうなってしまったのかというと、自分が客観的に述べているつもりでも、嫉妬やねたみや競争心のベールがかかっての批判だったから、ひじょうに否定的になってしまっていたからだ。

普通に話していても、それこそいままでの生き方の癖の集積で否定的なもの言いになってしまう。私の場合、それはもう基本的な癖として身についていると自覚しなければいけなかった。

だが私だけでなく、日本人なら、ネガティブになるこの癖は多かれ少なかれ、一般的にもあるだろう。ということはほめてちょうどいいのである。そうしないと、自分が一番優れているというところに持っていきたいがために、ほかをけなしてしまうから、その結果、否定する自分が「ちっちゃい人間」と人から否定されて、その劣等感からますますほかを否定するという悪循環に陥ってしまうのだ。

だからどんなものでもあえてほめて、「ほめコメント」を多用していく。そうすれば、相手を肯定するだけでなく、自分自身も嫉妬やねたみから解放されて自己肯定しやすくなるので、互いに肯定しあえる環境や関係性が育っていくのだ。

私自身、積極的に「ほめコメント」を多くしていったら、実に気楽になった。

ほめると、ほめたほうが成長する

「豚もおだてりゃ木に登る」ということわざがあるように、人はほめられると伸びるものである。子どもがいい例だ。ほめられればほめられるほど、子どもはやる気を出して、伸びていく。人間を向上させていくときの方法として、ほめるのは一番いいやり方だ。

だが「ほめることによって成長する」のはほめられた相手だけでなく、実はほめている側も成長するのだ。このことに注目しなければならない。

よく会社でも新入社員の教育係に、一、二年先輩の社員をつけるところがあるが、あれは新入社員を育てると同時に、若手社員の教育もかねているのである。

ほめられる相手より、ほめている自分がもっと成長する。これが私が「ほめる力」を提唱する真の理由である。

人はほめることによって成熟していく。人をほめないのは、自分が成長する絶好の

機会を自ら放棄しているといってもいいぐらいだ。

相手をなかなかほめられない人は、子どもっぽいと思って間違いない。他の人に対して、教育的な配慮を持たずに暮らしている人である。あるいは、「お山の大将」的なポジションにいる人だ。

昔でいう〝頑固おやじ〟がそれに相当する。私は向田邦子さんが脚本を書いた『寺内貫太郎一家』というテレビドラマが好きだったが、主人公の貫太郎は滅多なことでは人をほめない。まるで大きな赤ん坊のような頑固おやじだった。

男がそういう存在でいられたのは、家庭の中で女の人が気をつかって、男の人がやりたいようにやらせていたという面があったからだと思う。だから男が子どものままでいられたのだ。

明治の文豪を見てみるといい。立派な髭はたくわえているが、すねた子どものように不機嫌きわまりない顔をしている人が多い。山崎正和さんの名著『不機嫌の時代』にもあるように、明治のインテリには不機嫌な人が多かった。

もっとも明治や大正の偉人たちは国家や文化、政治など背負っているものも大きかったから、せめて家庭では子どもでいても許された。だが、大したものも背負っていないいまの人たちが、明治の文豪のように子どものままでいるのはどうだろうか。

国家や文化、政治を一人では背負えないのなら、少なくとも大人になった証として、人の長所を見つけたり、人をほめたりして、教育的な配慮をしてみるべきだ。**人をほめて伸ばすことで、自分も成長できる。自分が成長するために人をほめるのだ、と発想を変えてみると、もっとほめやすくなるのではないだろうか。**

ちなみに漱石は、家人に対しては不機嫌をぶつけていたが、門人たちや若い作家に対しては、親切にほめている。漱石の「ほめコメント」で芥川龍之介や中勘助はどれだけ勇気づけられたか、はかりしれない。「ほめコメ」は文化を生み出す力も持っているのだ。

ほめると人生が幸福になる

『高橋是清自伝（上・下）』（中公文庫・上塚司編）を読むと、はじめのほうに「運のよい児」という表記がある。

是清は自分は運がいい子だとみんなからほめられて育ったと書いてある。彼は小さい頃、藩士の奥方たちからかわいがられ、周囲からも「この子は運がいい子だ」「幸福者だ」とずっと言われ続けてきたそうだ。だから自分でもすっかりその気になってしまったと書いてある。

五歳のとき、疾走する馬に踏まれかかったのだが、危うく命びろいをしたことがあった。馬に踏まれかかった時点で、私は運が悪いと思うのだが、このときも是清は「運のいい子だ」と人から言われ、自分でもそう思っている。

その後、是清はアメリカに留学して奴隷のような扱いを受けたり、ペルーの鉱山で大損をしたり、大蔵大臣になって日本の経済の再建をまかされるという大変な役目を負わされたり、あげくのはては二・二六事件で青年将校たちに暗殺されてしまう。

何とも波瀾万丈の人生を生きたわけで、決して運がいいとは思えないが、そんな大変な人生でも自身は根っからの楽観論者でいられた。

その原因がどこにあるのかというと、幼いときから「運がいい子」だとほめられて育ってきたことにあると自分でも書いている。

ここで注目したいのは、どんなに大変な人生であっても、それを「運がいい」と思

う癖を最初につけることで、生きる力が自然と備わってきた点である。ほめられ、肯定されるだけで、どんな逆境でも生き抜く力がつくのである。

そして自分が「幸せ者だ。運がいい」と思えれば、周りに対してもつねに明るくふるまえる。幸せのおすそわけができるのだ。だから大変な人生でも、自分は幸せで、周囲も明るく、生涯を通して楽観的にすごすことができた。

ほめることによって得られるのは、前にもふれたが「自己肯定感」である。自己肯定感があれば、大変な人生でも楽しさを見つけながら生きていける。

だから「ほめる」ことを軸として、「自己肯定感が互いに持てる人間関係」を築くことが、人生の質を追求する上で大切になる。

子育てであれば、子どもをほめて「自己肯定感のある子」に育てる、職場だと「お互いに自己肯定感が増すような関係性をつくろう」ということがテーマになる。

自分がいる場所を居心地よく、快適にしようと思ったら、相手をほめて、自己肯定感が増すような接し方をすればいい。そうすれば、自分にそれが返ってくるのだ。

「情けは人のためならず」と言うが、「〝ほめ〟は人のためならず。自分のためだ」と思って人に接するのが間違いない。

第二章

ほめる前の準備

コミュニケーションをつくる

〝ネガティブベール〟をとる

日本人は真面目だが、減点主義が身についてしまっているので、自他に対して否定的になりがちだ。だから社会的に少し意識して、称賛の総量を増やすことが必要だと思う。

しかし私たちはほめることに慣れていない。まず大切なのは「ほめる体勢に入る」ということだと思う。自分のほうから「ほめる構えに入る」ということである。そのためには、まずはほめるのを邪魔している〝ネガティブベール〟を取り去っていかなければいけない。

競争心や嫉妬心からほめることができないとか、ほめるのが恥ずかしいとか、自分の思い込みで「そんなんじゃダメだ」と思ってしまうとか、ついクセで否定的な言葉から入ってしまうとか、ほめを邪魔する障害がいくつもある。

とくに日本人の場合、客観的にものを言っているつもりでも、基本的に否定的になりやすい癖があるから、そういう〝ネガティブベール〟をあらかじめ、取り去っておかなければいけない。

私自身〝ネガティブベール〟で反省させられたことがずいぶんある。テレビの番組などで、食べ物を食べてコメントする機会がけっこうあるのだが、「どうでしたか」と聞かれたとき、細かく客観的に分析しようとしていろいろ言ったつもりが、マイナスのニュアンスが出てしまったことがあるのだ。プラスのことを何も言わずに時間切れになってしまったことも何度かある。

先に細かい注文やマイナス情報を言ってから、「でも、やっぱりこれはおいしいですね」という持っていき方にしようとしたのだが、最後まで言えずにマイナス情報だけで時間が終わってしまったのだ。協力してくれたお店には本当に申しわけないことをしたと思っている。

だからどんな状況でもまずは最初から「ほめる体勢」で入る、と決めておくのである。いろいろ考えると、知らない間に〝ネガティブベール〟が出てしまうから、もう初めから「いいですねえ」というところから入ることにしておく。「いいですねえ」をいわば枕詞《まくらことば》のように前につけて、話してしまうのだ。

そしてまずは肯定しておいてから、「でも、これはね」と普通と違うポイントをあげていけばいい。そうやってしょっぱなから肯定的な構えで出ていくと、あとがひじょうに楽である。

肯定的な構えでと言えば、巨人軍の終身名誉監督の長嶋茂雄さんは、この構えがワザになっている。野球解説をしていたとき、どの球団の選手に対しても、決してネガティブなコメントをしなかったことで知られている。「いいですねえ」が長嶋さんの口癖だった。

苦言を呈するときも、否定だけで終わらない。「ここをもう少し、こうしたらもっとよくなりますよ!」と必ずポジティブな方向性を示した。つまり代案を示すのだ。よく解説者で「ダメだ、ダメだ」と否定ばかりする人がいるが、そうすると、見ているほうは「そんなダメなものに自分たちはお金を払って見ているのか」と腹立たしくなってしまう。

だから「ここがダメなんだよね」と言うより、長嶋さんのように「ここをこうするとよくなりますよ!」と言ったほうが、私たちも気分がいい。

否定的な意見を言うときは、「代案とセットにする」のがコツだ。

相手を認める。そして探してみる

ほめるには、ほめやすい体勢づくりが大切だ。

「ほめる体勢」とは言い方を換えると、「肯定する身体の構え」である。体をオープンにして、相手を肯定するということだ。

それは「認める姿勢」といってもいい。相手の目を見ないとか、話を聞かないのは、相手を否定する身体の構えだが、それに対して肯定する身体は、相手の話を聞こうとするし、相手を見てリアクションを変えようとする。つまり相手を「認める姿勢」といえる。

ほめる前にちゃんと認める。あるいは共感する。

とにかく認めあうことが大事で、「ほめる」と考えると、少しハードルが高くなって自分には難しいと思ってしまう人もいるかもしれないが、「相手を認める力だ」と思えば、もう少し楽にトライできるだろう。

たとえば相手を見て「大丈夫だ。いけてるよ」と言うのは、ほめているというわけではない。相手のやっていることを認めているだけだ。これだけで肯定していることになる。あるいは相手がやっていることをきちんと見て、「確認」してあげるだけでもいい。それも「ほめている」とは言わないが、「認めている」ことになる。

横峯吉文さんという人が経営する保育園では、「ヨコミネ式」という教育を行っている。この人の保育園では子どもが楽々と一〇段以上の跳び箱を跳んだり、二〇〇〇冊を超える本を読破してしまう。

つまり子どもをやる気にさせる天才だが、横峯さんによるとやる気のスイッチは四つあって（1競争したがる　2真似をしたがる　3ちょっとだけ難しいことをしたがる　4認められたがる）、**そのうちのひとつが「認められたがる」だという。少し難しい課題を与えて、認めてやる。この循環でやる気が出るそうだ。**

横峯さんの教育の特徴はけっして「ほめろ」とは言わないことだ。お母さんたちには「ほめるのは年に二回、盆と正月だけ」と言っているそうだ。ほめてばかりいると、マンネリになって子どもが慣れきってしまうからだ。

ほめることより大事なのが認めてあげることで、横峯さんの園では跳び箱を一〇段跳べてもほめないという。その代わり、認めてほしくて先生のほうを見たら「さすがだ」という顔でうなずいてやる。すると、子どもは認めてもらったと感じて、さらにやる気を出すという。

あるいは子どもがやったことを大人が記録してやるだけでもいいそうだ。横峯さんのところでは子どもが読んだ本を記録している。ただ大人がノートに記録してあげるだけで、ことさらほめるわけではないが、それでも横峯さんの園では、一人で二〇〇〇冊以上もの本を読破した〝強者《つわもの》〟も出てくるのだ。

実際にほめる手順としては、まずほめる前に〝ネガティブベール〟をとって、「肯定的な体勢」をとる。〝ネガティブベール〟は知らない間に癖になって出てしまうこともあるから、先ほど述べたようにとりあえず何でもいいので、会話の頭には「いやあ、いいですねえ」という〝枕詞〟をつけて、ネガティブから始めない新しい癖づけを行うのもいいだろう。

そして相手を「認める身体」になって、相手のいろいろなポイントを認めていくのである。たとえばトータルで見て六〇点だからダメだとか、八五点以上だからいいというのではなくて、「六〇点だったけれど、この部分はよかったね」と、細部に分解して認めてあげる。相手の「ここが優れている」とか、「このポイントはいい」というところを探し出して認めるのだ。

この原稿を書いているとき、大学の隣にある山の上ホテルで従業員の女性に聞いてみた。

「上司にほめられてうれしいのはどんなときですか？」

すると「とにかく、自分のことを認めてくれているとわかるコメントを言ってもらえたときがうれしいです」と言っていた。

やはり相手のことを認めて、気づいてあげることが大切で、しかもそれをちゃんと伝えなければいけない。

「ほめよう、ほめよう」と思うと、なかなか見つからなくて苦しいかもしれないが、「ここは大丈夫」とか「ここだけはいい」というところを、ささいなことでもいいので気づいて認めてあげ、それを目で知らせるとか、拍手するとか、うなずくだけでもいいだろう。

子どもに対しては、認めてあげたという印にシールを貼ると、高校生ぐらいになっていてもけっこう喜ぶ。この方法を大学で学生に教えたところ、高校の教師になった卒業生から「自分の高校でやってみたら、すごくよかった」と言われたことがある。高校生になっても、シールを貼ってもらえるのはうれしいのだ。

人は頑張ったときに認めてあげるとまた頑張るし、頑張っていないのに、へんにほめると「何も見ていないんだ、この人は」と評価する側をなめてしまう。だから「この人は、ちゃんと見ているな」という信頼感と一目置かれる感じを得るためにも、認めていると行動で示すことは大事である。

会話の「出だし」に気をつけよう

コミュニケーションのしかたは、いままでの癖の集積である。だから自分のコミュニケーションの癖を見直してほしい。ほめるのが苦手な人は、コミュニケーションに悪い癖がついていることが多い。その癖を直さないと、ほめコメントだけ言っても、とってつけたようで、かえって印象が悪くなることがある。ほめる前に、まずその癖に気づいて直すことが先決だ。

日本人に多い癖は、会話の「出だし」に「でも」をつけてしまうことだ。人は第一印象ですべてが決まるという人もいるくらい、出だしが重要である。初めのたったひと言で印象が変わってしまうことを、私たちはもう少し意識したほうがいい。

ほめる前の準備として〝ネガティブベール〟を取り去る必要性を述べたが、会話の出だしに逆説でもないのに「でも」をつける癖は、〝ネガティブベール〟以外のなにものでもない。この癖は何としても直したい。だが、実際には自分でも気づかずに「でも」を乱発している人が多いのが現状だ。

最初の出だしが「でも」だと、相手にとっては自分が否定されたようで、カチンと来たり、精神的にダメージを受けたりする。自分がされるといやなくせに、なぜ日本人は「でも」を使いたがるのか、不思議でならない。

欧米でも「でも」はよく使われるが、これはディベートの基本になっていて、相手を否定するというよりは、反論をくり返して、互いに高みに上がっていく肯定的な意味合いのほうが強い。このやり方を弁証法という。

たとえば「最近の若者は根性がない」という意見があったら、反論として「でも自分が好きなものには時間を忘れて集中できる」という意見が出てくる。そして「それなら興味を上手に引き出せば、意外に頑張れるのではないか」という新たな見解に進むというのが弁証法である。

これはソクラテスが対話で試みていたことで、お互いに対立した立場でぶつかり合いながらも、利益のバランスをうまくとり、ある一定の共通の地点を見出そうという大変理性的なやり方である。

この弁証法が日本に紹介されてから長いのだが、なかなか根づかない。なぜかというと、**日本人は感情と、話されている論理を別にしてとらえるのが苦手だからだ。相手の人格や立場や自分に対する感情と、言われている内容を一緒にして考えてしまう傾向がある。**

「いまは上司、部下の立場は離れて、こういうことを言っているんです」と言っても、「部下の分際でその言い方はなんだ！」と通じない上司が多い。それぐらい日本人は人間関係重視のコミュニケーションをしていて、「意味内容より人間関係を優先する」習慣があるのだ。

ともかく「でも」とか「～ではない」という否定形に弱い日本人のメンタリティが

あるのだから、まずは肯定からスッと入っていく練習をしたほうがいい。社会経験が少ない人になればなるほど、「肯定形で入る」練習が身についていない人が多いので、そこは意識すべきだ。

大学の授業で学生に発表させると、聞いている学生の中には足りない部分にばかり目が行ってしまい、ひと言目から「でも、ここはおかしいんじゃないですか」といきなり言ってしまう人がいる。

否定的なことを言うのが批評だと、イメージ的に思われているのが原因だろうが、ものを悪くいえば鋭い批評になると思うのは大間違いだ。

最初は自分が思う以上にその後の人間関係を左右することになるので、出だしで損をしないよう、否定的な会話の癖は改めたほうがいい。

初心者におすすめの「イエス・ノー・イエス」方式

会話の印象は最初の出だしで決まるから、ひと言目を否定から入るのは避けたほうがいい。でも、何でもすべてを肯定すればいいというものでもない。それではたんなるお世辞かおべんちゃらになってしまう。見え透いたお世辞を言われても、人は少しもうれしくない。

言うべきことは言うとして、その言い方を工夫すべきだ。私が推奨しているのは、まず「さすがだね。素晴らしいね」と肯定から入り、「でも、ここがもう少しこうだったらいいのにね」と本来言うべきことを言い、最後は「やっぱりすごいよ。先が楽しみだよ」と肯定でしめくくるやり方である。

いわば「イエス」で入り、「ノー」をサンドイッチして、「イエス」で終わる「イエス・ノー・イエス」方式といえる。**肯定で始まり、自分が言いたいことをスッと入れて、最後は相手を肯定してまとめていくというやり方だが、**これのいいところは本当は相手を否定していても、最初と最後が肯定になっているので、悪い印象を与えず、さらに言いたいことも言えるので、相手からは「自分の意見をちゃんと持っている人だ」と好印象を持ってもらえる点にある。

この方法は弁護士の仕事でもよく使うそうだ。国際弁護士の射手矢好雄さんは、交渉事をスムーズに進めるには「ノー」をサンドイッチにするこのやり方がやはりおすすめだと言っていた。

これを逆にして、「ノー」から入り「ノー・イエス・ノー」でいったとすると、最後が「ノー」なので、「ノー」の印象しか残らなくなってしまう。何だか自分を否定されたようで、ひじょうに後味が悪い。その人の印象まで悪くなってしまう。

しかし言っている意味は同じでも「イエス・ノー・イエス」方式だと、ほめてもらった感が残る。それは錯覚以外のなにものでもないが、そうやって自分が言いたい本当のことを包み込んで言うと、うまく伝わる。

とくに相手にとって否定的な要素を含む内容を伝えなければいけないときは、この方法を使うといいだろう。初心者もやりやすい方法である。

この「イエス・ノー・イエス」方式は、つまるところ言葉の順番にポイントがある。同じ言葉でも、順番を間違えると、相手にまったく逆の印象を与えてしまうから注意したい。

先日、NHKの朝ドラ『あまちゃん』を見ていてこのことに気づいた。主人公の天野アキがアイドルをめざして上京するさい、母の天野春子が娘にこう言葉をかける。

「あんたは全然変わってない。暗くて地味で協調性がなくて積極性もない。でもね、あんたはこっちへ来てみんなに好かれた。みんなを変えた。それは、すごいことなんだよ」

辛口だが、母親の娘に対する立派な励ましの言葉になっている。この文章の順番を変えてみよう。

「あんたはこっちに来てみんなに好かれた。みんなを変えた。それは、すごいことなんだよ。でもね、あんたは全然変わってない。暗くて地味で協調性がなくて積極性もない」

どうだろう。同じことを言っているが、受け取る印象がまったく違ってこないだろうか。やはり会話を終えるときは、「肯定」でしめくくったほうが後味がいい。

気のきいた「ほめコメント」が言えなくても、せめて会話は「肯定」で終わらせる。それだけでも、かなり印象は変わってくる。

「ほ」の身体で聞く

ほめるのが苦手な人は、言葉ではなく体から入ってしまうという手もある。よくあるのは「うなずき」である。相手の言葉に合わせて、うなずいてみる。相手に共感したり、認めているというエールを、うなずきという身体表現によって送るのである。

このうなずきにも技術があって、何でもかんでも米つきバッタのようにうなずいていればいい、というものではない。知り合いの社長が営業部長と得意先に同行したとき、営業部長が隣でやたらとうなずく（それも関係のないところで）ので、気になってしかたなかった、と言っていた。

うなずくタイミングや頻度がわからないときは、「自分の呼吸に合わせてうなずくくらいがちょうどいい」と私はアドバイスしている。おもちゃで「鳥が水を飲んでは起き上がり、また飲む」ということをリズミカルに繰り返している商品がある。そんなふうに、ゆったりしたリズムである。

感覚でいうと、「なるほど、なるほど」という言葉を「な〜る〜ほ〜ど（一回うなずく）。な〜る〜ほ〜ど（一回うなずく）」とひと呼吸おきながら言ってみる。それくらいのリズムで練習してみるといい。

今の人はテレビを見て育っているので、うなずかない状態に慣れ過ぎている。テレビは視聴者の反応を期待されないメディアだから、うなずかないことがあたり前になっているのだ。だが、この反応がどこでも通用すると思ったら大間違いだ。

大学の授業でも、あまりに学生の反応が薄くて心配になるときがあるが、先生の話を聞いていないのかと思うと、ちゃんと聞いている。でもそれが相手に伝わっていないのだから、やはりコミュニケーションにおいて圧倒的に損をしているといえよう。

これが同じ二〇代でも、社会人になるとうなずく人が相当数出てくる。するとこちらもひじょうに話しやすくなって、背中を押してもらった気持ちになる。会社に入ると、それだけコミュニケーションが鍛えられるというわけだ。

とにかく人の話を聞くときは、無反応でいてはいけない。ときどきうなずきを入れて、相手にエールを送る必要がある。

うなずきと同じようなものだが、精神科医の神田橋條治さんの『精神科診断面接のコツ』（岩崎学術出版社）という本に面白いことが書いてあった。この先生は患者さんと向き合うとき、相手が話しやすいように「ほう」という言葉を使うそうだ。実際には「ほう」という言葉は聞こえなくてもいいのだが、「ほう」の身体で聴くといいという。

「ほう」を使うと、非言語レベル表現が上達する。「聴く作業における姿勢や、応答としての身振りを身につけるための最短距離である」という。日本語の「ほ」は、息がほどかれる音である。「ほっとする」という言葉もあるように、「ほ」を使うと体全体がほどける感じがする。これを身につけるだけで、相手を安心させる効果があるそうだ。

私は授業や講演でも、ときどき「ほ」の身体の練習をしてもらっている。「みなさん、『ほ～』と言いながら、相手の話を聞いてみましょう」というと、そのときは変な空気になるのだが、終わってから「どうでしたか？」と聞くと、「『ほ～』と言いながら聞いてくれるので話しやすかったです」とか「すごく気持ちよかった」という素直な感想がきかれる。これが「ほ」の身体である。

女性の場合は「ほ～」は変だと思うので、「へえ～」でも「はあ～」でもいいと思う。少し首を傾けて「へえ～」と小さく言うだけで、話すほうは話しやすくなる。「ほ～」も「へえ～」も基本は相手に耳を傾ける感じだ。イメージとしては「耳を大きくして聞く」と思えばいい。幼稚園や小学校で、先生が耳を寄せるようにして子どもの話を聞くが、まさに全身を耳にして、話を聞く『ほ』の身体そのものだ。

ジャンプしてやわらかい身体になる

体が硬いとほめる体勢に入れない。とくに初対面の人や目上の人と対するとき、こわくなってディフェンスに入ってしまう人がいる。そうなるとかえって距離ができてしまうので、相手もどうしていいかわからない。

だから全体的にはまず「硬さ」を取ることが重要になる。女性の場合はちょっとしたことで笑うので、お互いにすぐにやわらかい身体になれる。

テレビに出演するために局に行くと、迎えに出てくれる女性がいるのだが、控室に行くまでの短い間でも、何度も笑う。私が何か言うたびにケラケラと笑ってくれるので、それだけで雰囲気よく収録に入ることができる。

講演会でも、女性が対象のときはやりやすい。とくに大阪のおばちゃんが相手だったりすると、私が壇上に出ていって「いや〜、どうも〜」と言っただけで、もう爆笑の嵐が起こる。するとこちらも気分が良くなって、いやが上にも盛り上がってしまう。

この雰囲気がつくれれば、いつでもすぐにほめられる。お互いに「ほめ」の体勢が整うのである。ところがこれが中高年の男性だと、もうピクリとも反応しない硬い身体ばかりになってしまう。無理に笑わせようとしても場の雰囲気は冷えていく一方だ。そういうとき、私は全員に立ち上がってジャンプをしてもらうことにしている。

それだけで身体がほぐれて、笑いやすい雰囲気になる。硬さが取れて、心の壁がフッと取り払われた感じになるのだ。つまり**心構えとしては、身体をほどいたり、やわらかくして、相手への緊張感を解いていく。そのためにジャンプして、実際に身体をやわらかくする方法もあるのだ。**

そして「人間同士なんだから、まったく通じないということはないでしょう」という気持ちで相手に接していくと、自分の緊張もほぐれ、相手もやわらかくなっていく。大学でも学生がアジアにバックパッカーで出かけて帰ってくると、垣根がとれて、急にコミュニケーション上手になっていることがある。対話に対してものすごく積極的になっているのだ。これなども「人間同士なんだから、通じないということはないでしょう」というやわらかい身体になって、壁を取り去ると、人との距離が近くなる典型例だろう。

面接試験や大事な商談の前など、相手との距離を縮めなければいけない席では、

「人間同士なんだから」と自分に言いきかせたり、事前にジャンプして身体をやわらかくしておくといい。

土俵に出入りする感覚を身につける

コミュニケーションで大事なのは距離感なので、相手との間にある壁をうまく取り払って、スッと入っていく感覚を身につけると、距離感の調整ができるようになる。

距離感がわからない人は、会話の場を土俵と考えればいいと思う。土俵の中心に自分がずっと一人で居すわったら、ほかの人は会話に入ってこられない。コミュニケーションができないわけだ。だからある程度話したら、**自分は少し引くというか、土俵の中心から出て、しばらくしたらまた入るイメージを持つといい。**

反対に土俵から出っぱなしの人は、たまには土俵の真ん中に出ていって中心で話すイメージを持つのである。

私はこのイメージを東大の学生時代に教わった。入学して間もない頃、アメリカの心理学者カール・ロジャースという人が開発したエンカウンターグループ（出会いの

場）を実践する合宿があって、私はそれに参加した。合宿は初対面の人たちがグループになって、いろいろ話し合いながら、自己理解を深めるというものだった。

各グループにはプロのファシリテーターがつき、会話を誘導してくれた。私はそのときみんなの意見を全部聞いて、的確に整理したり、まとめたりというようなことをし続けていたのだが、同行した心理学の佐治守夫先生から「齋藤君はつねに会話の中心に居つづけようとする。そういうのを少し改めて、もう少し出たり入ったりするといいんじゃないかな」と指摘を受けた。

たしかに私が中心にいると、コミュニケーションに変化がなくなってしまう。一人でワーッと話しているときもあれば、ちょっと土俵をはずれて、人の意見を聞いているときもある、というように、出入りする感覚でコミュニケーションに変化をつける必要があることをそのとき教えてもらったのだ。

あれから三〇年以上たっているが、あいかわらず私はおしゃべりだ。だが出入りする感覚はつねに意識するようになった。コミュニケーションの距離感も少しは取れるようになったと思っている。

こんなふうに、自分の状態に関心を持ったり、意識して感じようとすると、ある一定のいい状態にスライドしていける。これを提唱したのがテニス・コーチのティモシー・ガルウェイという人だ。彼は『新インナーゲーム』（日刊スポーツ出版社）という本で、こんなふうに書いている。

「いま修正したい」という箇所があったとすると、無理に修正しようとしないで、とにかくまず現状を認識する。たとえば、ボールを打つ高さを1から5までに分けてみる。そして、一打一打打つごとに、今のはいくつの高さか言ってみる。そして「いまは5だな」「4だな」「これは3」というように感じていくのだ。ポイントは、無理や

り直そうとするのではなく、淡々と状態を感じようとする、つまり現状を知るということだ。
そうすると、問題となっていることがだんだん減っていって、一番良い状態に近づいていくのである。
これをコミュニケーションにあてはめてみると、こうなる。人との間に壁がある場合、その壁を実際イメージしてみる。壁の高さが自分の頭ぐらいにあるとすると、その高さを「5」とする。そして人と話すたびに、「いまの壁の高さはどれくらいだろう」と感じていくのだ。
「いまはフランクに話せたから、壁の高さは胸ぐらい。『3』の高さかな」とか、「いまはもう絶対入って来ないで、と思ったから、壁の高さは『5』だ」などと感じていくと、面白いことに自然に壁が低くなっていく。これが「インナーゲーム」の方法だ。

自分の会話の癖で「でも」とか「えーと」と出だしに言ってしまう人がいたら、それをどれくらい言っているのか、気にしながら話してみるといい。「いまは『5』くらい『でも』を言ってしまった」「いまは『3』くらいでおさえられたかな」などと、意識して感じてみるのだ。するとそれがだんだん減っていくはずだ。

あるいは土俵をイメージして、「いまは土俵の中心に誰が入っている」とか「今度は誰が入った」と意識していると、「じゃあ、次は自分が土俵に入ってみようかな」とか「ここはちょっと引いてみようか」といったことが、よりスムーズにできるようになる。

そうやって状況を客観的に感じられるように習慣づけていくと、何も感じていないときよりは、はるかにコミュニケーションしやすく、ほめやすい体勢になれるはずだ。

状況や相手を認識できている人ほど、ほめるポイントがいくつも見つけられる。

第三章　ほめ方の基本

これさえマスターすれば生きていける

具体的にほめるポイントをあげる

ほめる準備ができたら、実際にほめる行動に移ってみよう。これは習慣だから、ほめる習慣をつけていけば、「ほめる力」が技化《わざか》されて、人をほめられる人間になる。他人をほめられる人は、自分もほめられる機会が多くなるので、人から前向きな励ましを受けて、自己肯定力の高い生き方ができる。それが人生の質を高めるのだ。

この章ではさまざまな具体的なほめ方の技を紹介する。つかえそうな技はどんどん実践し、「ほめる力」を磨いてほしい。

人をほめるとき大切なのは、その「ほめコメント」が相手にきちんと効力を持って届くことである。いくら美辞麗句を並べ立てても、相手に届かないのでは何の意味もない。

ほめられたとき、何となく漠然と「いいですね」と言われても、心に残らない。それどころか、「どうせお世辞で言っているんだろう」と思ってしまうこともある。ほめたほうはせっかく「ほめコメント」を提供しても、そのコメントが生きてこないのだ。

　そういうときは具体的なポイントをあげてほめるのがいい。「君ってすごいね」という漠然としたほめ方ではなく、「君の洋服の組み合わせのセンスがすごいね」とか「言葉のチョイスが抜群だよ」と具体的にほめるのである。

　そうするとほめられたほうは自信がつくし、ほめたほうの印象も強くなる。場が盛り上がって、いっそう活気が生まれるのだ。どうせほめるなら、お世辞に聞こえないように具体的にほめたほうがいい。

　私の授業では学生に発表してもらったとき、誰が一番上手だったか、名前をあげてもらうことにしている。「せーの」でいっせいに名前を言ってもらうと、「何々さん」とだいたい同じ名前があがるのだが、名前を言ったあと、全員がシーンとなってしまう。

「この沈黙はおかしいんだよ」と、私はいつも言っている。「誰がいいかと聞いているのだから、何々さんと名前をあげたあと、どこがよかったか、ひと言ふた言コメントをつけるのが普通の会話でしょ」と指摘して、ようやく「どこがよかった」と言いはじめるのだ。こう指示したあとは、「ほめコメント」が行き交う。

そういうふうにあえて課題にしないと、一人も「ほめコメント」を言わない。それくらいほめるという行動は日本人にとって苦手なのである。これは日本にもともとほめる習慣がないこともあるが、具体的な「ほめコメント」を用意していないせいもあるだろう。

よくありがちなのは、「全体にいいと思う」とか「よかったです」というもの。これでは相手に気持ちが伝わらない。具体的な「ほめコメント」を用意していないから、こんな小学生のようなコメントにしかならないのだ。だからふだんから「具体的にほめる」ということを習慣化しておいたほうがいい。

私は学生に対しては、「発表のしかた」と「発表の内容」の二つの観点から具体的にほめるように指示を出している。

たとえば「大きな声で身ぶり手ぶりを入れて伝えたのが、よかったです」とか「身近な例に引きつけて展開している内容が、わかりやすかった」などという具体的なほめ方だ。

すると、学生たちもかなりほめるのがうまくなり、授業の盛り上がり方が違ってくる。発表した学生たちに授業の感想を書いてもらうと、授業内容のことはまったく二の次で、「ほめられてうれしかった」というものばかりである。

それくらい、ほめられるのはうれしいのだ。ほめられて初めて、そのありがたさがわかる。だから私たちは具体的な「ほめコメント」をいつも用意し、「ほめコメント」のプレゼントを惜しみなくあげられる人間になっていたい。

そうすれば、少なくともスムーズな人生が送れて、周りから〝嫌われない高齢者〟になれるだろう。社会にはコミュニケーションで損をしつづけた果てに、〝嫌われる高齢者〟になる人がたくさんいる。いまの若い人を見ても、「この人は中高年になったら、きっと鼻つまみになるだろうな」と想像できてしまう人がいる。

今回、この本で「ほめる力」を身につける目的の延長線上には〝嫌われない高齢者〟をめざすということもあるので、若いうちから具体的な「ほめコメント」をつけて、「ほめる力」を磨いたほうがいい。

これはコミュニケーションの癖なので、四〇歳、五〇歳になったとき急に変えようとしても変えられない。若いうちから、人をほめられない悪い癖は少しずつ直していって、ほめられるいい癖を取り入れていくべきだ。

もちろんいままでの癖の中でもそのまま残していいものはあるから、イメージとしては二割くらいを入れ換える感覚で変えていくと、コミュニケーションの雰囲気が違ったものになるだろう。

エネルギーを傾けたところに注目する

具体的にほめるといっても、ものすごい美人に「スタイルがいいですね」とか「肌がきれいですね」とほめても、「まあそれは事実ですから」的な感じになってしまって、コストパフォーマンスがひじょうに悪い。ほとんど言葉の無駄になってしまう。

そういうときは、容姿以外の思いがけない別のポイントをほめるのがコツである。「こんなところをほめられたのは初めてだ」とか「ここに気づいてくれてうれしい」というほめ方が、実はひじょうに効果がある。

「裏地をほめる」とでもいうのだろうか。表側を見てほめるのは誰でもできるが、裏地まで注目できる人は少ない。どんな人でも陰で苦労したことがあると思うので、そこに注目して、「よくこれだけ調べられましたね」とか「ここはすごいね」と労力をかけたところを特にほめていくと、ひじょうに印象が強い。

これを私は「裏地を見る習慣」と名付けている。人は見えない努力やエネルギーをかけたところをほめられると、ものすごくうれしいのだ。

たとえば、いま女性の間ではつけまつ毛がはやっている。私が二十数年みてきた中でも、いまは一番つけまつ毛がはやっているのではないだろうか。女性がそこに力を入れていたとすると、そういうとき、「つけまつ毛、強力ですね。ステキです」などと見たままをストレートに言ってはいけない。「今日は目がぱっちりしていますね」「目元がくっきりして顔全体の印象が変わりますよ」などとその人が努力してめざそうとしたものをくみとって、その努力を評価するのだ。

私は授業で「ほめほめゲーム」をやったことがあるが、それは学生全員にクレヨンで絵を描いてもらい、互いにその絵をひたすらほめまくるというものだ。漠然と「いい絵だ」というほめ方はダメで、具体的にほめなければいけない。

いろいろなコメントが出たが、やはり評判がよかったのは、相手がエネルギーをかけたところを重点的にほめたコメントだった。

相手が何に意識があるのか、どこに力を入れたのかがわかると、そこに向けて「ほめコメント」を用意すればいいので、会話上手になっていく。

これに関して、私はひじょうに悲しい思い出がある。私がまだ大学院生だった頃、論文の審査があった。そのとき私が一番納得がいかなかったのは、自分がもっともエネルギーをかけたところに対して、審査員全員がノーコメントだったことである。九〇%以上のエネルギーを注いだにもかかわらず、まったく関係がないところしか質問されずに、面接が終わってしまったことがある。自分が頑張ったところを批判されるのなら、たとえけなされても手応えがあるが、九〇%の比重をかけたところを素通りされ、腹立たしさと同時に虚脱感を覚えた。

人は主たる部分ではなく、欠如の部分を見がちになるので、そこは注意したほうがいい。もし、相手がどこに力を入れたかがわからなければ、ストレートに「あなたはどこにエネルギーを注ぎましたか」と聞けばいいのだ。面接でも商談でも営業でも何でもそうだ。「何が売りですか」「どこを見てほしいですか」「工夫は何ですか」と聞いて、そこに関して会話をすれば大外しはしない。

そうしないと、いわば〝いちゃもん〟のようなマイナスの批判をしてしまうことになりがちなので気をつけたい。

ほめるポイントについてもう少しふれておくと、『人は見た目が9割』（竹内一郎著・新潮新書）という本もあるように、とかく人は外見に注目が行き過ぎる傾向がある。

そこばかりほめていると、いわば日が当たるところばかりが伸びていって、中身の鍛錬に努力が向かわなくなる。

たとえば眉の形やかっこうに注目が集まると、男性まで眉を整えるようになってしまう。「眉の形がステキ！」となれば、みんながそれをいじるようになるだろう。外見ばかりに注目していると、もうあとは整形するしかなくなってしまう。

そういうところではなく、もっと人間性の本質や努力のしがいがあるところに評価の基準を持っていてほしいのだ。そうすれば、努力の質が変わってくる。

ある女性が、巨漢で汗かきの男性と結婚したので、「どうして彼だったの？」と聞いてみたことがある。するとその女性は「情緒がとても安定していたんです」と答えた。見た目ではなく、中身で男性を選んだわけだ。

その結婚は大成功で、その後、二人はとても幸せに暮らしている。何が言いたいのかというと、ほめるポイントは外見ではなく、中身を基準にしてほしい。そのほうが世の中のためになるだけでなく、自分自身も幸せに生きやすくなると思う。

細部に気づいてほめる

「神は細部に宿る」という言葉もあるように、「細部」には工夫が宿っている。その人がエネルギーを傾けたところも、意外に細部にあることがある。

だから全体をざっと見るのではなく、細部を見ることも大切だ。とくに自分がよくわからないものに関しては、細かく切って見ていくと、「あれ、ここすごいかも」という発見がある。

美術評論家の井出洋一郎さんの『印象派の名画はなぜこんなに面白いのか』(中経の文庫)という本にドガの絵に関する解説がある。ドガといえば「踊り子」が有名だが、井出さんが解説しているのは「アプサントを飲む人(カフェにて)」についてだ。この絵は昼下がりのカフェでドリンクを飲む男と派手な女を描いている。

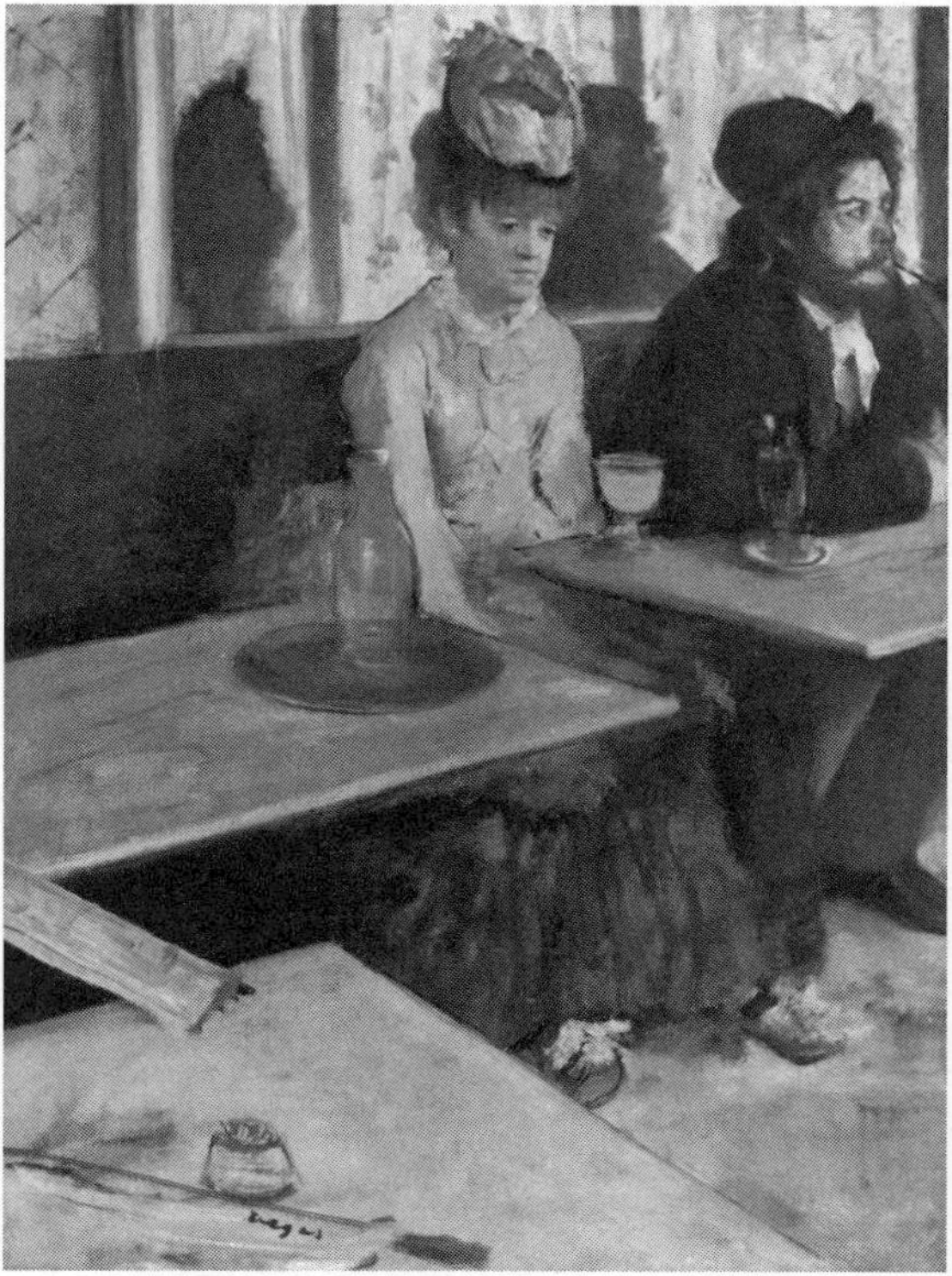

「アプサントを飲む人（カフェにて）」
エドガー・ドガ　1876年
油彩・カンヴァス／92×68㎝／オルセー美術館（パリ）

絵の全体像は男女がいるカフェの風景なのだが、細部に注目するといろいろなことがわかる。まずカフェには男と女がいるが、その手前にはもう一人客がいたことをにおわせている。テーブルの上に、まだ片づけられていないマッチ入れのようなものが置いてあるからだ。マッチ入れの近くにはよく見ると「ドガ」と小さく書かれている。つまり画家本人がその場所に先ほどまでいて、立ち去ったあとの風景だということがわかる。

さらに見ていくとテーブルに脚がない。脚が宙に浮いているのだ。画家がうっかり脚を描き忘れることはないから、これは明らかに何かを意図してわざとそうなっていることがわかる。

男はコーヒーを飲んでいるが、女が飲んでいるのはアブサンという強くて安い酒である。男はソフトドリンクで、女は酒というところにも、画家の意図がある、と井出さんは言う。

そしてほかにもたくさん席があいているのに、女は男の隣に座っている。男の表情を見ると、明らかに女と関わりを持ちたくないらしく迷惑な様子である。二人は知り合いではなさそうだ。おそらく昼間からカフェにいる男は失業中で時間をもてあましているのだろう。女はアルコール依存症で、男に売春をしかけているが、男はそっぽを向いている。テーブルに脚がないのは、酔っぱらっている女の心象風景を描いているのかもしれない。

こんなふうに、**よく注意して見ると、いままでほとんど見えていなかった細部が浮かび上がってくる。**「なぜテーブルに脚がないのか」とか「この二人が目を合わせていないのはなぜだろう」ということに気づいてくる。するとこの作品が訴えようとしているものもつかめてくるというわけだ。

だからほめるときは、全体の印象でさっとほめるやり方もあるが、細部を切り取って、「ここにはこんな工夫があるから、そこからこういうことに気づける」という見方をしていくといい。ひと味違うほめ方ができるだろう。

もっともドガの絵にしても、井出さんのような眼力のある人に教えてもらわなければ、私たちはほとんど何もわからない。ただ「カフェの絵だな」で終わってしまう。細部に気づくためにはある程度知識がないとダメなのだ。

それほどものを知っていることは重要である。世界の見え方がまるで違ってくる。

深く見えたり、新しいところに気づけたり、その人がエネルギーを傾けたところがわかったりするのだ。

「知識」は創造性を阻害したり、個性を邪魔するという考えがあるが、知っていることによって気づけるメリットのほうがはるかに大きい。「ほめる力」を磨くためにも、知識や教養はたくさんあったほうがいい。

臆面もなくほめる

日本人は恥ずかしがり屋なので、照れながらほめる。でもどうせほめるなら、臆面もなくほめてしまったほうがいい。

上手に「ほめコメント」が言える人は、照れが少ない。「ほめコメント」は社会の潤滑油のようなものなのだから、ここは社会性の訓練だと思って、照れずにほめる練習をしたほうがいい。

ほめるときはもうベタでいいと思う。四〇代の人に「三〇代にしか見えませんよ」としゃあしゃあと言ってしまうのだ。このように臆面もなく言ってしまって、成功し

た例を私は知っている。

ある時、そういう場面に遭遇した。言われた女性はみるみる表情が輝いて、「じゃ、今度あの人を紹介するわ」と言っていた。その場で話が急に盛り上がっていくのが、はたでみていてもよくわかった。

これを遠慮して、四〇代に見える人に「三五歳くらいのようですよ」と言ってはダメだ。もしかしたら本当に三五歳かもしれない。

五、六歳下に言うと、当ててしまうことがあるので、思い切って一〇歳か一五歳くらい下げて言ってしまったほうがいい。

むしろ「どれだけいい加減なんだ」と思われるくらい思い切って言ってしまったほうが、言われたほうは悪い気はしない。何の失敗もないのだ。**ほめるときは、遠慮せず、ほとんど「人類史上初です」くらいの勢いでほめることだ。**

村上春樹（の小説の登場人物）はこのほめ方がとても上手だ。『色彩を持たない多崎つくると、彼の巡礼の年』（文藝春秋）の中にこんな会話がある。主人公のつくると、彼がつきあっている年上の女性沙羅との会話だ。

沙羅はつくるの昔の友達について調べてくれている。沙羅は言う。

「私たちは基本的に無関心の時代に生きていながら、これほど大量の、よその人々についての情報に囲まれている。その気になれば、それらの情報を簡単に取り込むことができる。それでいてなお、私たちは人々について本当にはほとんど何も知らない」

するとつくるはこう答えるのだ。

「哲学的な省察は、君の今日の素敵な着こなしによく似合っている」

「ありがとう」と沙羅は答えるのだが、女性に対してなかなかこういうほめ方はできない。まさに村上春樹である。

私など逆立ちしても、こんな気のきいた

セリフは出てこない。せいぜい「今日はいい感じだね」が限界だ。

つくるには観察力がある。理系男子らしく、観察力が鋭くて、気がきいたことが言える。沙羅の爪を観察して、「爪はバッグと同じえび茶色の色（少しだけ淡い）に美しく塗られていた。それが偶然でないことに、一カ月分の給料を賭けてもいいとつくるは思った」とある。

いちいち爪の色とバッグの色を観察して、さらに着こなしと相手がしゃべっている言葉をつなげてほめるのは、普通の日本人ではとても無理だ。

まさに村上春樹の小説の主人公は臆面もなくほめるところが、日本人ばなれしている。日本人は照れくさくてほめないだけでなく、そもそも気づいていないからほめないところもある。

まずは細かく観察して気づくことだ。そして気づいたら臆面もなくほめる。それがこれからのモテる男の条件になるに違いない。

「ほめ言葉のシャワー」で語彙を磨く

ほめる言葉がスッと出てこないのは、そもそも語彙が不足しているから、という理由もある。ある小学校では「ほめ言葉のシャワー」で語彙力を増やしている。

これは菊池省三さんという小学校の先生が始めた試みで、教室で「ほめ言葉のシャワー」という実践を行っている。

菊池先生は、「学級崩壊立て直し請負人」とも呼ばれ、NHKの『プロフェッショナル』という番組にも出演されている。『小学校発！一人ひとりが輝くほめ言葉のシャワー』（日本標準・二〇一二年）、『菊池先生の「ことばシャワー」の奇跡　生きる力がつく授業』（講談社・二〇一二年）という著書に実践の模様が書かれている。

もともとは子どもたちの言動が粗暴になっているのをなくしたいというところからスタートしたそうだが、ある教室で「なくしたい言葉」のアンケートを取ったところ、一位が「死ね」、つづいて「ばか」「消えろ」「むかつく」「関係ない」など、相手との関係を断ち切る言葉が並んだという。

菊池さんは、いじめや学級崩壊がこうした粗暴な言葉から生まれてくるのではないかと考え、「ほめ言葉のシャワー」活動を始めた。

具体的には、決められた一人に対してクラス全員がほめ言葉を自由起立発表でシャワーのように行う。ほめられた子どもは「お礼のスピーチ」をする。これをクラス全員が順番に体験するというものだ。

三〇人のクラスなら、一人の子に最低でも三〇個のほめ言葉がかけられる。それを三〇人の子どもが体験するので、三〇個×三〇人＝九〇〇個のほめ言葉が生まれる。

菊池先生はこのシャワーを年四回行うといっているので、九〇〇個×四回＝三六〇〇個の「ほめ言葉」が教室にあふれることになる。

まさに「ほめ言葉のシャワー」である。このことによって何が起きたかというと、相手に注目して、細部まで観察するようになったことや人に対するプラスの言葉が増えたことがあげられる。

このプラスの言葉を菊池先生は「価値語」と言っているが、ただ事実を指摘するだけでなく、「価値語」をプラスしたポジティブな言い方が増えることで、「ほめ言葉」の語彙が広がった。

たとえば「Aくんはクラスの宝物です」とか「AくんはAくんらしいです」といった素晴らしい「ほめ言葉」が並ぶようになったのだ。

小学生でさえ、練習すればこのような「ほめコメント」が言えるのだ。私たちにできないはずがない。友達同士、あるいは家族、職場でもいいだろう、一度「ほめ言葉のシャワー」を実践してみてはどうだろう。

参考までに菊池先生が提唱する「ほめ言葉のシャワー」を成功させるコツを大人用にアレンジしてあげておこう。

(1) ほめ言葉を言う時間が取れないときは、簡単なメモをとるだけでもいい。
(2) いつでも始められる。たった一回だけでも効果は大きい。
(3) 「私のほめ言葉ナンバー1」「言われてうれしかった言葉」などを発表する。
(4) ほめ合うことに関する格言を集める。
(5) 仲間以外の人もほめる「ほめ言葉のシャワー」番外編をつくる。ほめられた人も喜ぶ。
(6) 周囲にこの活動を知らせると、意欲づけになる。

どうだろう。これならゲーム感覚で始められるのではないだろうか。

リアクションとセットにする

第二章のほめる準備でうなずく練習をとりあげたが、ほめるときも言葉だけでなく、体の動きをつけると、さらに効果が倍増する。『聞く力』（文春新書）がベストセラーになった阿川佐和子さんのほめ方はひじょうに参考になる。

対談やTV番組でご一緒すると、いつもその「リアクション力」に驚く。阿川さんはものすごく笑うし、手をたたいたり、のけぞったりする。反応が大きいのだ。阿川さんのインタビューを読んでも、相手の言葉を受けて、ギャハハと笑ったり、手を打ったりしている。驚くときも「へえ〜」とか「ひえ〜」とか、オーバーアクション気味である。そのリアクションで場が温まり、テンポがよくなって相手が話しやすくなるのだ。とくに笑っている割合がひじょうに多い。

私がもし「ほめ部」という部をつくるとしたら、その部活の基礎メニューに「笑

う」を必ず入れるだろう。講演を聞きにきてくれた方たちにも「今日は部活ですからね。部活に入ったつもりで、笑ってもらわないと困るんですよ」と言う。そしてジョークを言い、笑わないと「そこで笑って」「まだ笑い方が小さいですよ」と言いながら笑う練習を取り入れている。

この「笑う」というリアクションを上手に習慣づけられると、相手への同意や共感が示せる。これと「ほめる」をセットにすれば、

〝鬼に金棒〟で会話がうまくなる。

みんなほめることが大事だと知っているし、笑うことがコミュニケーションにいいことも知っている。この二つを組み合わせれば、最強だと誰でもわかる。しかしわかっていても

現実問題としてできていない人が圧倒的に多い。「知っている、知らない」より、「できる、できない」のほうが問題なので、ここは部活に入ったつもりで、しばらく集中的に「笑う」基礎メニューを練習してみるといいだろう。おそらく自分の得意な笑い方があるだろうから、それを活用しながらやるといい。

笑うとき、私は手をたたくということを推奨している。ほめられた上に拍手されるのだから、されたほうはこれ以上うれしいことはないはずだ。これは友だち同士だけでなく、職場でも使える。会議で面白い意見を言った人がいたら「面白い～」「すご～い」と言ってパンパンパンと拍手するだけでいいのだ。

だがこれが意外と難しいようだ。だから癖にしてほしい。笑ったら、必ず手をたたく。恥ずかしければ、小さな身振りで音が出ないようにかわいくたたけばいい。笑いとセットにして拍手ができるようになれば、かなり強力な武器になる。

こんなふうに体が動く練習をしていくことによって、体の構え全体が、反応する身体、笑える身体、ほめる身体になっていく。これには意外な効用があって、私の場合は自分の体のメンテナンスにもなっている。すばやく反応できる身体、ほめる身体になっているときは健康なのである。

私にとって、ほめたり、笑ったり、手をたたいたりするのは健康法のようなものだ。よくほめて、笑えて、手をたたければ、その日はとても調子がいい。健康法だから、人のため以上に、自分のためにやっている。「これは自分のためなのだ」と意識すると、やりやすいだろう。

似ているものを引き合いに出す

版画家で多摩美術大学教授の西岡文彦さんが書いた『簡単すぎる名画鑑賞術』（ちくま文庫）という本に、クリムトとマーラーの共通点をあげている箇所があった。マーラーがつくる曲はベートーヴェンやワーグナーのように骨太の全体性を持っていない。その漠然とした〝散らばった感〟がマーラーとクリムトの絵と似ているところだというのだ。

クリムトを評するとき、まったく別分野のマーラーを持ってくる。これは「つながっていないものをつなげていく」というなかなか高度なほめ方である。「AとBはジャンルは違うが、似ている」というほめ方をすることで、ほめられたほうは斬新な刺激を受ける。

ただし「似ている」と言われたものが、嫌いな場合もあるので、そこは気をつけたほうがいい。「芸能人の誰かに似ている」とほめても、「私、その人嫌いなんです」と言われてしまうと逆効果だから、引き合いに出す対象はよく考えたほうがいい。定評があるものを出してくるのが無難だろう。

サッカーの高原直泰選手は少年時代、先生から「おまえはファン・バステンに似ている」と言われたそうだ。マルコ・ファン・バステンは当時世界一のフォワードと言われたオランダのサッカー選手で、少年たちの憧れの的だった。先生からは「おまえはファン・バステンのこのスタイルでやれ」と、わざわざ編集したビデオを手渡され、練習したという。その結果、高原選手は日本代表選手に育っていくのだ。

このように「あなたは誰かに似ている」というほめ方は、上手につかうと相手を鼓舞するひじょうに有効なやり方になる。この方法はいろいろな場面でつかえる。職場や学校でもつかえるし、子育てにおいても効果的だろう。

私は幕末の志士を引き合いに出すことが多い。「君は勝海舟みたいだね」とか「坂本龍馬みたいだね」と言われると、言われたほうは何だかうれしくなってしまう。「伊藤博文みたいだね」と言われるのと、「吉田松陰みたいだね」と言われるのとではイメージがまったく違うので、その集団の中でのポジショニングを見て、リスペクトしやすいものを引っ張ってくることが重要である。

この方法がとても便利なのは、引き合いに出した対象の特徴をあげることで、具体的に「ほめポイント」をあげられる点である。少しボーッとしている人なら、「君は西郷隆盛的だね」というほめ方をする。そして「あまりおしゃべりではなく、落ち着きがあって、大事な決断ができそうだね」など西郷の特徴をいろいろ出してほめればいい。反対にチョコマカしている人は「勝海舟みたいにテキパキしていて、シャープに処理ができそうだね」と言ってほめることができる。

「似ているのは、こういうところだよ」と具体的に指摘してあげると、その人自身が「そうか」と自信を持ち、その長所を生かしていくことができる。

似ているものを引き合いにだすためには、自分のほうにもある程度知識がなければいけない。ゴッホについていちおう知っていれば、「この部分はちょっとゴッホ的だね」とピンポイントでほめられる。ほめられたほうもうれしいし、印象に残るだろう。

子どもに何かを教えるときも、「いまのはダルビッシュ的なスライダーだったね」とか「イチロー的なミートだったよ」とほめると、ほめられたほうは目標や憧れを持ちやすい。高原少年がファン・バステンに似ていると言われて、日本代表選手にまで成長したように、「似ているね」とほめることで、相手に高いモチベーションを与えることができる。

とにかくいいものをたくさん知っていれば、引き合いに出してほめる素材が増えてくるので、絵画でも、映画でも、テレビのドキュメンタリーでも、「これ、いいな」「これもいいな」というものを知識としてたくさんインプットしておくといい。

そして、「これとこれが似ている」というようなほめ方をしていくと、強力な「ほめる力」が身につくのではないだろうか。

ついでに自分にあまり知識がないとき、「似ている」というほめ方で便利なものをあげておこう。それは動物や物にたとえるやり方である。

ちょっと古くさい言い方だが、「豹のように俊敏だね」とか「白鳥のように気品があるね」などいろいろ言える。

変わり種で言うと、画家の梅原龍三郎が女優の山口淑子を評して「きみの顔には猫以上の表情がある」とコメントしている。

猫がそれほど表情が豊かだったかなと思うが、言われてみるとそんな気もする。さすがに画家が言うことはひと味違う。

何かにたとえるほめ方で印象的なのは、「神」を引き合いに出すやり方だ。ラリー・バードというバスケットの選手が、同じバスケット選手のマイケル・ジョーダンを評して「あれはマイケル・ジョーダンの姿をした神だ」（正確には、「神が今夜試合に来てマイケル・ジョーダンという名でプレーした」）と語っている。

実に優れた「ほめコメント」だ。これ以上のほめ方はない。

同じ類のものに、『山口百恵は菩薩である』（平岡正明著・講談社）というタイトルの本がある。私はこの書名を見たときに「おお、なるほど」と思った記憶がある。これも神的な菩薩という存在を引き合いに出すことで、画期的な評価を与えている。

このように「最高水準の物」をひっぱり出すのは、最上級の「ほめコメント」をしたいときにつかえる方法だ。

万能につかえる「向いている」と「まさにそこです」

　本屋大賞を受賞した三浦しをんさんの『舟を編む』(光文社)という小説が話題になったが、これは辞書を編纂する編集部の人たちの話である。この中でファッション誌の編集部から若い女性編集者の岸辺さんという人が辞書編集部に異動してくる場面がある。岸辺さんは、辞書編集部のあまりの汚さに耐えかねて、掃除を始めるのだが、すると主任である馬締光也という男から「岸辺さんは、辞書づくりに向いていますね」とほめられる。

　ほめられたほうはびっくりして「まさか。私なんて正字も知らないし」とうろたえるのだが、ほめられて嫌な気はしない。それどころか、自分でも予想していなかった可能性を指摘されて、新たなモチベーションが引き出されていく。

　この「～に向いている」というほめ方はひじょうに有効な言い方だと思う。なぜなら、「向いている」だけだから、いま現在その能力が高い必要はない。岸辺さんは辞書づくりが初めてなので、能力はまだまったくないわけである。でも能力がなくても

「向いている」という言い方はできる。これはどんな人にもつかえる万能のほめ方である。

まじめな人だったら「あなたのこの手堅さはこういうところに向いている」と言えるし、勢いで持っていくタイプの人だったら「あなたのガッツはこれに向いていると思います」など柔軟につかえる。配属されたばかりの新人に「君はこの仕事に向いているよ」と経験値の高い人が言ってあげるのは、かなり説得力がある。

「ほめコメント」に困ったときは「あなたは〜に向いている」をつかってみよう。

もうひとつ、少し高度な技になるが「まさにそれです」「まさにそんな感じです」というほめ方もかなりつかい勝手がいい。これは相手が話した内容に対して、「まさにそれです」と突っ込みをいれるやり方だ。

これがうまくはまると、ひじょうに共感が得られる。男女がつきあい始めるきっかけは、案外そんなところから始まるのではないだろうか。

やり方としては、まず相手が話したことについて、自分が具体例を出して、共感を示す。相手の話に対して、「自分にもこういうことがありましたが、そんな感じですか」という聞き方だ。それは話題を自分のほうに持っていくのではなく、相手の話の内容に対して「これで合っていますか」と確認を求める会話なのである。だから「自分にもこういうことがありました」で止めるのではなく、必ず「そんな感じですか」と質問するのを忘れてはいけない。

相手がいろいろ答えていったら、「まさにそこです」とか「まさにそれです」とあいづちを打つ。そのとき、「そうです、そうです」という感じで、先ほどの手をたたいたり、笑ったりというリアクションをつけると、さらに効果が増すだろう。おおいなる共感が生まれるに違いない。

長い目で見守る姿勢をとる

学生の発表の中には記憶に残るいいものがある。そういうものはちゃんと覚えておいて、二週間くらいたってから学生に会ったときに「この間のあれ、よかったよ」とほめるようにしている。学生は「覚えていてくれたんだ」と感激して、ますますやる気になる。

だからほめるときも、すぐその場でほめるのももちろんいいが、少し「間」を置いてほめてあげると、「そんなにも心に残ったのか」と相手の胸に響いて効果的だ。

会社で部下が企画書や報告書を持ってきたとき、その場でもほめてやるが、しばらくしてから「それにしても、あれ、よかったね」ともう一度ほめると、部下は「ちゃんと覚えてくれているんだな」と勇気づけられるので、自信を持って仕事に取り組める。

ほめるのはいつ言ってもいい。上司はこういうところに気を配って、部下を伸ばしてほしい。

長い目で見てほめるほめ方は、相手を見守っているというメッセージが伝えられる。見守ってもらっていることがわかると、それを見てくれている人に対して信頼感を持つことにもなる。

いまの若い人たちが感じている不満は、「パッと見ただけですぐ否定される」ということだ。大学にはいわゆる〝ゆとり世代〟で育った学生たちが入ってくるが、彼らは一様に「ゆとり世代とひとまとめにして否定されるのは嫌だ」という不満を持っている。

先日、学生たちに「ゆとり世代の取扱説明書」を書いてもらったら、「ゆとり世代とひとまとめにしないでください」とか「私たちはひじょうにデリケートなので、何気ないひと言にもとんでもなく傷つきます」とか「自分たちは自己肯定感が足りないので、できればほめてほしいです」という意見が多かった。

彼らに共通するのは「自分たちは失敗するかもしれないけれど、がんばってよくなることもあるのだから、そうなるまで待って、よくなったらほめてほしい」ということである。

これは〝ゆとり世代〟だけでなく、すべての人に共通する願いだろう。だからそのあたりを配慮して、**失敗しても見る目を長くしてほしいのだ**。いわば**「その人を見守ってきた歴史」が出てくれれば、信頼感も増してくる**。

たとえば会社では人事異動がある。異動した先がいまいちパッとしない場所であっても、「あそこに行って、やっぱりよかったね」とか「あそこに行ったから、こんなふうに成長できたんだね」というような言い方をして、励ますことができる。

簡単に会社をやめてしまう人も多いが、やめてもっとよくなるケースはそれほど多くない。新卒で採用してくれた企業がブラック企業のようによほどひどい企業でなければ、最初に就職した会社で何年かがんばってみるべきだと私は思う。たとえ希望する部署でないところに回されたとしても、人にはいろいろな資質があるから、そこに行ってみないと開花しないものもある。ほとんどの会社は人材を動かして適性を見たり、いろいろな仕事を経験させて総合力を身につけてほしいと考えている。

だから、**希望ではない場所に異動を命じられた人に対しては、「異動した先々で、その異動が経験として役立って、成長につながっている」というメッセージを送ってあげるといいだろう。**本人は「それがよかったかな」とか「自分では気づかなかったけれど、いいほうに変わっているのかもしれない」と思えるようになる。すると、会社員としての自己肯定感が高まってくるだろう。

会社をやめる理由は人それぞれだが、評価が足りなくてやめてしまう場合は、周囲のちょっとしたフォローや言葉かけで踏みとどまるケースも多いのではないだろうか。「これをがんばっていることで、こんな面が伸びてきたよ」「将来はこんな力につながっていくかもしれないね」という少し長いタイムスパンでほめてあげると、若い人の離職率ももう少し下がると思う。

高度なテクニック〝残心の技〟と〝ほめのまた聞き〟

長いタイムスパンでとらえるのは、時間差を利用してほめるという技だが、この応用編で、超高度なテクニックに遭遇したことがある。

私はひそかに〝残心の技〟と呼んでいるが、この技を見たのはあるテレビ局だった。テレビに映るときは、ネクタイも派手なものを締めていったほうが華やかな印象になる。だから私もテレビに出演するときのネクタイはヨーロッパの美しい発色のものを選ぶことが多い。

芸能人と違って私にはスタイリストがついていないので、家人がいろいろ工夫して選んでくれるのだが、あるとき、共演する芸能人の方のマネージャーさんや関係者たち二、三人と廊下でばったり会ったことがある。

するとマネージャーさんは私のネクタイに目を止めるなり、「先生、そのネクタイはスタイリストが選んでいるんですか」と聞いてきた。

「いやいや、これは自前で――」と答えると、「いやあ、すごいですね。自前ですか。

素晴らしい」とほめちぎって、「すごい！すごい！」とその場を盛り上げてくれた。

ポイントはそれだけではない。「すごいですね」と私をほめたあと、去っていくときに「いや、ほんと、すごいね」「すごいですよね」と言いながら、離れていったのである。つまり別れても、私をほめている会話が聞こえてくるわけだ。

そうなると「いや、これは本気でほめられているな」と私もいい気持ちになった。

このように、別れていくとき、あるいは別れたあと「いやあ、すごいですね」とつぶやきながら離れていく、そのほめ方はひじょうに高度だ。いかにも本気だということが伝わってくる。

剣道でも打って終わりではなく、心を残して、次の攻撃に備えることを「残心」というが、まさにほめるときも、ほめて終わりではなく、ほめたあとにちょっと心を残して「いやあ、すごいよなあ」と言いながら去っていくというテクニックは強烈だ。「ほめコメント」が歯が浮いたようなお世辞に聞こえてしまうのは、まだ技術が足りないからで、「残心の技」をつかえば、本当に「ああ、心がこもっている」という驚きが伝わってくる。

〝残心の技〟と同じくらい高度な技に〝ほめのまた聞き〟という技がある。これはほめ言葉の中継だ。

「〇〇さんが君のことをほめていたよ」とか「お客さんからの評判がけっこういいみたいだね」など、また聞きのようにして間接的に〝ほめ〟を伝授する伝え方である。聞いたほうはものすごくうれしい。本当にリアルにほめられている感じがするので、その情報をとりもって伝えてくれた人にさえ好意を持つ。

だから私も学生が他の先生の授業をほめていたら、その先生に積極的に伝えるようにしている。廊下などですれ違ったときに、「先生の授業は資料がとても面白いと学生が言っていましたよ」と言うと、かなり喜ばれる。

そのため、私は普段から〝ほめ〟のストックを持つようにしている。学生には「印象に残るいい授業って何かある？」「何先生の授業がよかった？」などと折にふれて聞いている。すると「何々先生の授業がよかった」などと情報をくれるので、その先生と会ったとき、その話題を切り出してポジティブな会話ができるのだ。


ついでに言っておくと、〝ほめのまた聞き〟の反対である〝悪口のまた聞き〟は最悪である。「○○さんが君のことをこんなふうにけなしていたよ」などと言われた日には、面と向かって言われた以上に腹が立つ。

軽く言ったつもりでも、回り回って本人の耳に入ると、けっこう根に持たれるだろう。自分も必ず陰でけなされるから、気をつけたほうがいい。「ほめコメント」の中継が自然にできるよう習慣づけをしておくのがいいと思う。

失敗したことを「ほめる」に変える

長い目で見守ることと似ているが、失敗を「ほめる」に変えていくこともできる。よく「雨降って地固まる」と言われるように、人生は失敗があるから、成功があるのだ。

だから失敗した人には「あの失敗があったから、いまがあるんだね」という言い方をしてあげるといい。

うまくいかなかった経験と、その次に時間がたってそのことを克服した事例があれば、「あれがあって、いまがあるね」という言い方をすることで、その人の自己肯定感をひじょうに高めることができる。

通常は、悪いところや失敗したところを見ないで、いいところだけほめるのが一般的だが、**うまくいかなかった時期をとりあげて、それと重ねてほめてあげることで、「わかってもらえている」という感じがすごく出てくる。**

私も大学受験に落ちたり、大事な試合に負けた経験があるが、そうした失敗は心の傷になって残っている。

そこを人から「でもそれがあったから、いまがあるんですよね」と言ってもらえると、「そうだ。本当にあのとき失敗しておいてよかった」「失敗したから、思い上がらずにちゃんとした人間になれた」となにか傷が癒される感じがする。

私が教えている明治大学は、もちろんここを第一志望に入学してくる学生もたくさんいるが、中には他を志望し、落ちてここに来た人もいる。そういう学生に私はこう言ってあげる。

「これで大丈夫だ。君たちは一生謙虚な人間でいられる。変な勘違いをして、思い上がった人間でいるよりは、才能があって謙虚な人のほうが何倍も必要とされるんだよ」

こんなふうに状況が悪いときでも、「ここで伸びているよ」とか「あれがあるから変わってきたよ」というようにほめてあげると、それだけでずいぶん救われる。あるいは、「そういう人はこれから伸びるよ」「これからが楽しみだ」という言い方でもいい。**弱点も「これから伸びる」と、未来に対して励まされると、前向きに乗り越えて**

いこうという気になる。これなどは「未来をつくる『ほめコメント』」といえようか。

だから上司や教員、親など人を指導する立場にある人は「見守っている」とか「わかってあげている」というメッセージを送りつづけることが大切だ。それをしないと、生徒や部下は水をやらない植物のようにだんだんしおれてきてしまう。

「ほめコメント」は、おそらく三〇年前の日本人に比べると、いまの人は比べ物にならないほど必要度が高いと思う。昔はほめられなくてもまったくビクともしない精神だったが、いまはほめてあげないとしなびてしまう人が増えている。

逆に言えば、「ほめコメント」の意味がそれだけ大きいのだから、ほめがいがあると言えるわけで、言葉をかけてやるだけで肥料を与えたようにおおいに伸びていくのである。

失敗をほめるのと似ているのがコンプレックスをほめることだ。これも上手にやると、ひじょうに優れた「ほめコメント」になる。

ある先生の話だが、小学校で書き取りの練習をやらせていた。するとある生徒が明らかに書くのが遅かった。

でも先生は「何々くんはとても丁寧に書いていて、いいですね」とほめてあげた。するとと大変やる気を出したという。

この子は掃除をするのも丁寧だった。要するに何事も丁寧にするのがその子の気質なのだ。一面から見ると「遅い」ことになるが、別の面から見ると「丁寧」になる。物事には両面があることが多いわけで、一方の価値観だけで見るのではなく、別の面からほめてやると、その子も救われる。

あるいはこんな話もある。詩をつくる授業で、なかなか書けない子がいた。「書くのが遅いんです」とその子が言ったので、先生が「それはよく考えている証拠だよ」とほめてあげたら、とても喜んだという。

これなども、コンプレックスを別の面から見てほめて、成長を促す具体例のひとつである。コンプレックスになっている所に価値を見出してもらえたら、勇気づけられる。

ほめるとは、価値の発見だ。

存在そのものを受け入れる

親は子どもの存在を丸ごと肯定する。これが本来の姿だ。存在の丸ごとの肯定は、それ自体がほめているのと同じか、もしくはそれ以上の効果を発揮する。「この子は頭が悪いから、愛さない」とか「美人ではないから、かわいがらない」という親はあまりいない。親はわが子ならかわいいのだ。

これは子どもの存在自体を愛しているからである。家庭内においては子どもの存在を丸ごと肯定するのが大切だ。ほめなくても、「おまえのことを愛しているよ」というメッセージさえ伝えておけば、それが子どもの自己肯定感につながっていき、前向きに生きる力になっていく。

だが職場ではそうはいかない。上司は親のように幼少時から部下につきあってきたわけではない。もうすでにできあがった人間として対するわけだから、「親しき仲にも『ほめコメント』あり」というか、社会的な「作法」として、その人の自信になるような言葉かけをやっていかなければいけない。

しかし、かなり気をつけて「ほめコメント」をかけてやっても、それだけだといまの若い人たちに社会や組織で自己肯定感を持ってもらうのは難しい。

そこで家庭における自己肯定感のあり方を、職場や学校にも少し応用するのがいいのではないかと私は思っている。

つまり相手の能力だけをほめるのではなく、もう少し深いところで、「存在そのものを認めている」という気持ちを示してやるのだ。すると、相手の自己肯定感につながっていって、ほめられたのと同じ効果がもたらされるのではないだろうか。

「良かったらほめる」「悪かったら切り捨てる」というのは、会社ではあり得ることかもしれないが、それだと自己肯定感は育ちにくい。そうではなくて、「あなたの存在自体を受け入れているよ」「ずっと会社で一緒にやっていくんだよ」というメッセージを伝えていくのだ。

つまりは「チームの一員」とか「家族の一員」という感覚でとらえていくことが大切だ。どういうことかというと、家族なら、能力が低いから取り替えるとか、二軍に落とすことはない。

こんなふうに「家族的な雰囲気」を普通のつきあいにも持ってきて、「取り替えるという発想はないんだよ」「このメンバーでやるんだよ」ということを態度で示す。そうすると相手は安心するので、能力が発揮できるし、組織としてかなり強いチームワークが築ける。

もちろん一回一回評価はするが、「あなたの存在に関しては否定的にならない」という構えは徹底しておいて、そういう一種家族的な雰囲気をつくり出してしまうのである。

人間社会は、さまざまな人が交じり合って構成されている。性格が明るい人、暗い人、背が高い人、低い人、おしゃべりな人、無口な人——多様な人がいるのが社会の本来の姿なのだから、その中で、「とりあえず取り替えはしないよね」という暗黙の了解のもとで、ひとつのファミリーをつくっていくことは不可能ではないだろう。

組織がファミリーになる中間段階が部活だと私は思っている。組織も部活のようにやっていくと、かなり「ファミリー」に近いものができるのではないだろうか。部活にはあたり前だがうまい人も下手な人もいる。補欠もいる。だがだからといってレギュラーだけを大事にするわけではない。

一人ひとりがそこに存在していることが大事だから、互いに認めあって、能力が高くない人でも向上したら、そこをほめていく。そうすると、場全体が温まって、活気があるいい雰囲気がつくられていく。

私は授業やゼミを「ここは部活だから」と言うときがある。部活だから一人も取り替えない。「このメンバーでやるんだよ」と決めておけば、かなりハードなトレーニングもこなせるようになる。

このようにほめるコメントとして、その人がやったことや能力をほめるだけでなく、どこか隠れたメッセージで「君の存在自体を受け入れているんだよ」と伝えてやると、組織の雰囲気は格段に明るくなる。

リーダー的存在の人は、そうしたメッセージをかもし出す必要がある。そうしたチーム作りができる人が、これから求められるリーダー像である。

スポーツの世界では、このファミリーをまとめるリーダーがうまく機能せずに、チームが分裂して崩壊するケースがよくある。サッカーのワールドカップでも、強豪のフランスチームがバラバラになって実力が発揮できなかったことがあった。途中で主力選手が追放されて帰国してしまうことさえあった。

あれほど技術と才能がある選手が集まったチームでも、一体感がないと負けてしまうのだ。仕事ならなおさらである。せっかく優秀な人材が集まっていても、機能しないなら、意味がない。

反対に高校野球の甲子園の試合でよくあるが、一試合ごとに強くなっていくチームがある。個々の実力はそれほどでもないのに、チームの連係がうまくいったり、気の持ちようが変わるだけで、思いがけない力が出る。

高校野球で勝ったあるチームのメンバーが「前の日、みんなで焼き肉パーティをしたことで、気持ちがひとつになった」と言っていたが、そういう一体感をつくり出すのは、リーダーやメンバーの「誰も見捨てない」「このチームでやるんだ」という、選手一人ひとりの存在自体を受け入れる構えにあるのではないか、と私は思う。

未来を予測するほめ方

女子サッカーで日本を世界一に導いた佐々木則夫監督は、いままでの「俺の言うことを聞け！」的な監督ではない。佐々木監督の『なでしこ力　さあ、一緒に世界一になろう！』(講談社文庫)という本を読むと、「サッカーは誰かから命令されてやるものではない」という姿勢が徹底していることがわかる。

しかし命令をしないでいると、チームにはいろいろな選手がいるわけで、中には「私には無理」とチャレンジを放棄してしまう選手も出てくる。そうした選手に対してどうするかが佐々木監督の課題だった。

そこで監督は何度もトライアンドエラーをするわけだが、まず理由を説明して、メリットを理解させ、「でも自分たちには無理かもしれない」という選手に対しては「必ずできる」と何度も強調したそうである。

リーダーが「必ずできる」と断言するのは、ほめているのとは少し違うが、未来を肯定する力強い励ましになる。このとき大切なのは、きちんと手順が組まれていて、やがてできるようになるというプロセスが示されていることだ。

たんに「絶対できるから」と言うだけで、手順が示されないと、あまりリアリティがないので、「ただ言ってるだけじゃん」となってしまうが、佐々木監督の場合は、「これをやれば、これができるようになるよ」と未来の見通しを持って励ましている。この点が、口だけの励ましやお世辞と異なる点だ。

なでしこたちも試しに監督が言う通りにやってみると、「本当だ。できるんだ」とわかってくる。そして信頼感が増すので、監督の「絶対できるから」という言葉の重みも大きくなっていくのだ。

その好循環を生むための言葉として、監督は選手の強みを入念に分析し、「必ずできる」を強調したという。なでしこはけっして強いチームではなかったから、一回言うぐらいではダメだったそうだ。

ワールドカップに出場が決まる前のアジア大会で、最終戦に勝てば「初優勝」という場面だった。

報道陣の会話の中に「初優勝」という言葉が聞こえて、佐々木監督はびっくりした。

選手たちに「え？　おまえたち一度も優勝したことがないの？」とたずねると、「え？　ノリさん、知らなかったの？」と選手たちにあきれられてしまった。

それくらい、過去のことをまったく気にしない監督だったのだ。逆に言えば、監督には未来しか見えていなかったといえる。

そのとき監督の取った態度がとても賢明だった。彼は選手たちに「おまえたち優勝したい？」と聞いたのだ。「したいに決まってるでしょ！」とみなが答えると、「よし分かった。なでしこジャパンはこの大会で優勝を狙うぞ」と、それまでの「目先の勝ち負けよりもコンセプトの徹底」という方針をガラリと変えて、目の前の試合に全力を傾けることにした。

「この試合に勝たなきゃいけない。絶対優勝しろ」ではなくて、「優勝したいの？　じゃあしようよ」という流れである。

これはサッカーを外から強制したり、命令するのとは真逆の働きかけである。未来を示し、「私はできる」と自分を信じることで、チーム全体に自ら頑張ろうというひたむきさが生まれたのである。

ロンドンオリンピックで銅メダルをとった女子バレーボールの眞鍋政義監督は、佐々木監督とはまた違ったタイプだが、「やればできる」と未来を示した点では似たところがある。眞鍋監督の場合は、「やれることはすべてやる」ということを徹底し、「やればできるんだ」ということを選手に示していった。

海外に比べると、日本の女子バレーは身長が足りないため、不利な状態に置かれていた。眞鍋監督はすべてを分析して工夫した上で、「これはできるんだ」ということを具体的に監督自身が断言して見せたのだ。

このことからわかるのはリーダーになる人の資質である。監督のタイプによって、柔らかめの人や厳しめの人がいるだろうが、どちらにも共通しているのは、**「ちゃんと分析して、戦略を考え、やるべきことを明確にして準備することと、自信を持たせること」**である。

この方法で結果が出れば、いよいよチームがまとまってきて、驚異的な力が発揮できるのである。

未来を示すとは、相手に対する期待感を伝える意味にもなる。この例で思い出すのが、黒澤明監督が北野武監督に言った言葉だ。黒澤監督は北野監督に「日本映画をよろしく頼む」と言ったのだ。

これは挨拶のようにも聞こえるが、「あなたにこれからを託した」という思いや期待、評価がすべてつまったメッセージである。その中には自然に〝ほめ〟が入っている。

このように「ほめよう、ほめよう」としなくても、「おまえならやれる」という期待感を示していくことによって、それ自体を「ほめコメント」にすることができる。

言われたほうは、自分は期待を持たれる人間だったのだ、と思うことで、すでにほめられた気持ちになる。**リーダーになる人は、部下に対して「期待してあげる」ことがひじょうに大事だと覚えておこう。**

目標を設定して追い込む

ほめるときのパターンはいくつかあるが、ただ結果をほめるのではなく、そこに至るハードルを示して、手順を教え、クリアしたらほめるのは、実に自然なほめ方である。

とくに若い人をほめるときは、何のハードルも設定していないとほめにくいことがあるので、私はあえてハードルを設定してクリアさせ、ほめるという方法をよくつかう。

たとえば大学の授業では、学生を過酷に追い込むほうだ。学生たちは一週間に新書を五冊読んできて、授業で話し合わなければいけない。週五冊はけっこうきついと思う。そのほかにも企画案を出したり、新聞の記事も毎日切り抜いてこなければいけないから、ひじょうに忙しい。

その過酷な要求をあれこれ示しておくと、授業でほめやすくなる。課題の出来不出来には関係なく、「これだけの量をこなすのは大変だったね」というところでほめてやれるからだ。

そんなふうに過酷な設定を出してクリアをしたときは、こちらも素直にほめることができる。しかしその前の状態で、ただほめたり、励ましたりするのはちょっと不自然になってしまって、難しい。目標を設定したほうが、断然ほめやすくなるのは間違いない。

この目標設定は、ほめる側にとって便利だが、ほめられる側にとっても都合がいい。なぜかというと、いまの若い人は真面目なので、「これをやってきなさい」と目標を設定すると、そこに向けてけっこう頑張れるからだ。「いまの人はくじけやすいでしょう」と言われるが、それは「何となく頑張れ」と言うからであって、こちらが明確な指示さえ与えれば、それに対してきちんとやってくる。

私の場合は、さらに課題について、全員で発表をさせている。すると責任感も生まれて、どんどんレベルが上がってくる。いまの若者たちはあまりにも真面目でおとなしいので、私がやらせるものすごく過酷なトレーニングにも耐えてしまう。

彼らは真面目だが、ちょっと自信なさげなところがあるから、自信を持たせるために厳しめで明確な指示を与えて、それをクリアしたら、とにかくほめるということをくり返している。

すると、やり遂げたという達成感と同時に、「またほめられるだろう」という気持ちもわいてきて、自然に自信がついてくるのだ。

きつい課題をこなした者同士だと、相互にほめ合うのも自然にできる。

こんなふうに授業を進めてみたら、ひじょうにいい状態になった。厳しい課題を出してもいいのだが、雰囲気が厳しくなってはいけない。安心感のある環境で、リラックスして、かつほめてもらえる状況で、すごく厳しい課題に取り組ませるのが正解だと気づいた。

逆に言うと、雰囲気が厳しくて、お互いに批判しあっていても、たいして厳しい課題に取り組んでいないことがある。

座標軸でいうと縦軸に「リラックスした雰囲気」と「厳しい雰囲気」があって、横軸に「厳しい課題」と「やさしい課題」があったとすると、いままでは「厳しい課題」に対して、「厳しい雰囲気」でやることが多かった。

これからは、「明るくハードに」の時代だと思う。

従来「ハード」というとイメージされるのは、「何やってるんだ！　ミスするんじゃないよ！」と檄が飛ぶような組織である。そういう場所にずっといると、人間は疲れ切ってしまう。

かといって、「ゆるい課題」で雰囲気だけ厳しくしてもしかたないし、「ゆるい課題」に「ゆるい雰囲気」だと、本当にズルズルして怠けてしまう。そこはしっかり区別しておいたほうがいい。すると、「リラックスしていて、なおかつ厳しい課題」というゾーンがベストなのだとわかる。

誰でもほめられるのが好きだと思うし、ほめられれば自信がついて自己肯定感にもつながるので、課題を出してほめたり、目標を設定してほめるのは、学校や職場でもやりやすいいい方法だと思う。

前に横峯さんの保育園の例を出したが、これなども高い目標を設定して、自信をつけさせるという典型的なやり方だろう。子どもたちはけっして強制されているわけではないが、読書二〇〇〇冊とか、跳び箱一〇段とか、逆立ちで歩くというハイレベルの目標に対して、一つひとつクリアしていくことで自信をつけていくのだ。

そういえば、私はある漫画家からアシスタントを一人前にする方法を聞いたことがある。彼のところではアシスタントを最初は絶対ほめない。最初からほめてしまうと、「いまのままでいいんだ」と思ってしまうからだ。

ではどうするのかというと、課題を与えて伸ばすという。猛特訓につぐ猛特訓を重ねると、よほどの人でない限り、「これならうまくなった」というレベルまで達する。するとこちらも「うまくなったね」と素直にほめやすい。

つまり何か課題をこなさせて、「いやあ、うまくなったね」という手順を踏むと、どんなアシスタントでも必ずほめることができるので、成長するというわけだ。

会社でも部下にちょっとキツめの課題を出し、やってきたらほめるということをパターン化しておく。そして「前と全然違うよ」「ちょっとキツめの課題だと思ったけれど、よくやってくれたね」というほめ方ができる。

それをパターン化してしまうのだ。つまりちょっとキツめの課題を出して、やってきたときだけほめる。部下は「この人はこういう課題をこなすと、ちゃんとほめてくれる」ということがわかるので、ある意味、安心して課題に取り組むことができるのだ。

いまは離職率を上げないためにも、ほめる力で職場環境をよくしていくことが大切である。

ストレスを取り除いてポジティブな喜びを与える

直接ほめるのではないが、ストレスを取り除いてやることによってほめられたのと同じような効果が生まれることがある。だから私はストレスマネジメントも広い意味でのほめ方に入れていいと思う。

なぜストレスマネジメントが大事なのかというと、いまは時代的に心がひじょうに厳しい局面を迎えているからだ。

『三丁目の夕日』(西岸良平著・小学館)的な時代なら、社会全体がストレスをあまり問題にせずにすんだかもしれない。経済が成長しているときは、社会全体が次の時代に向かってよくなっていくという確信をみなが共有しているので、少々のことがあっても「明日はいい日」と思っていれば、それほどストレスをためこまないですむ。

だが、いまのように低成長、もしくは仕事が少なくなっていく社会においては「明日のほうが良くなる」というあたり前の希望が持ちにくい。

これは「心が弱くなった」という問題ではなく、時代の空気が重苦しくなっているために、人々がみなストレスをためやすくなっているのだ。

こういうときに、相手に対してストレスが軽減できるようなコミュニケーションができると、「この人は自分のストレスに関して配慮してくれているのだ」と絶大な信頼感を寄せてもらえるようになる。

なぜかというと、日本人は我慢する民族なので、自分のストレスを軽減してくれる人はものすごく大切な存在になるからだ。

これがチームの場合は、ストレスマネジメントができる監督やリーダーのもとにチームがひとまとまりになり、驚くべき力を発揮していく。高校野球の甲子園でひと試合ごとに強くなっていくチームなどはまさにこの典型といえる。

一人ひとりのストレスを取り除いてやるのは、ほめたのと同じように、人に自信をつけさせ、ポジティブな姿勢に変えさせる力がある。

ではどうやって一人ひとりのストレスを取り除くかだが、私は素直に「聞いて回る」のがいいと思っている。「何かストレスになっていることはありませんか」とストレートに聞いてしまうのだ。すると「実は時間が足りなくて」とか「ちょっと残業が多くて」など、みなが言いやすい雰囲気が生まれてくる。

それでも言いにくいときは、小さな紙を回して、「ストレスになっているものを三つ書いてください」と渡せばいい。ポイントは「三つ」と限定することだ。いっそのこと、紙に（1）（2）（3）と番号を書いておくのもいいと思う。

日本人は素直なので、「三つ書いてください」と言われると、ちゃんと三つ書く。しかし「何かありますか？」と質問すると「別にありません」と答えてしまうから、注意したほうがいい。

私の経験上、このアンケート方式はひじょうにおすすめできる。日本人は相手に対してクレームをつけたり、文句をいうのが苦手で、たとえ自分がお金を払うお客さんの立場であっても、店側に文句をつけられない人が多い。出されたコーヒーがぬるくて飲めないのに、「ぬるい」と言えない。

日本人にはそういうメンタリティがあるのだ。ましてや学校や会社で、先生や上司に何か言いたいことがあっても、なかなか言えない。

しかしアンケート方式にすると、意外に意見が吸い上げられる。とくに匿名にすると驚くほど書いてくる。「話せ」と言っても全然しゃべらない人が、書かせると信じられないくらい書いてくるのだ。

おそらく「書く」という行為は一対一の関係に入る安心感があるのだろう。「他の人に見せるわけではないし、匿名でもいいから、誰がストレスなのか、何がストレスなのか三つ書いてみてくれる？」というようなゆるい問いかけでいいと思う。これをやりつづけると、相手のストレスが確実に減ってくる。

私も大学では事務系の人たちと一緒に仕事をすることがあるが、そういうときは「ストレスになっていることはありませんか？」と聞いて回ることにしている。

そうすると「そういえば」とだんだん言いやすい雰囲気になっていく。「ストレスを減らすことがチームの目標なのだ」「チームがうまくいくためには、まず悪いストレスを減らすことだ」と意志統一していくと、全体に前向きな力が生まれてくる。

ほめるのとは少し違うが、ストレスを減らすことで活気がある集団ができあがるのだ。

第四章　ほめられないときのほめ方

どうしてもほめられない！　そんなときのほめテクニック

〝常備薬としてのうそ〟を用意する

ほめたいと思っても、なかなかほめるところがない人もいる。そんなときでも、なるべくいいところを見つけて「ほめコメント」をプレゼントするのが、世の中のマナーだと思う。

心理学者の河合隼雄さんが書いた『こころの処方箋』（新潮文庫）という本に「うそは常備薬、真実は劇薬」という言葉がある。確かに言いえて妙である。河合さんによると、私たちは人間関係の維持にかなりの時間を費やしているという。

その労力を少しでも軽減するため、私たちは〝常備薬としてのうそ〟をつかい分けるのだが、つかい過ぎると中毒症状が出てきて、見え透いたうそになるから気をつけたほうがいいと河合さんは言う。

だから真実を言う練習もしておかなければいけないのだが、何でもかんでも真実を口にすればいいというものではない。真実は劇薬なので、つかい方を間違えると大変なことになる。

私がこのことに気づいたのはかれこれ四〇歳も過ぎようという年齢になってからだった。それまでは本当のことを口にしては、周囲の人間関係を自らギクシャクさせていた。「そうか、思ったことを全部言うと、嫌われるのだ。本当のことは簡単に言ってはいけないのだ」と、四〇にもなってようやく気づいたのだから、本当に馬鹿である。もう少し早く気がつけば、私ももっと障害の少ない人生が送れていたに違いない。

河合さんによると、人を攻撃しているとき、うそが交じっている間はまだ安全なのだそうだ。しかし真実の欠点を指摘してしまったとき、致命傷となる。「言ってはならぬ真実を口にしたために、人間関係が壊れてしまった経験をお持ちの方は、多く居られることと思う」(『こころの処方箋』)と河合さんは言っているが、まさしく私がそうである。

世の中は、「真実を言うことはいいことだ」というように単純にはできていなかったのだ。その点、欧米人は上手に表現することができる。欧米人はうそが嫌いだそうだが、うそを言わずに、真実も言わない。うそでも真実でもない表現ができるというのだ。

たとえば誰かが下手くそな歌を歌ったとする。「下手な歌でしたね」と言うのは真実すぎて、相手を怒らせてしまう。

でも「心がこもった歌でしたね」と言えば、うそにはならない。ある部分だけを選んで言うことで、一種のうそが交じってはいるが、まったくのうそではない。うそでも真実でもないことをうまく言えるのだ。欧米人がうそを嫌う分、試行錯誤の上身につけた多彩な表現法といえるだろう。

似合っていない服を、無理やり「お似合いですね」と言う必要はないが、「似合ってませんね」といきなり真実を言うこともない。うそを言わなくても、よく観察すれば、「その色の組み合わせ、個性的ですね」などと、うそではない何かが言えるはずだ。

ここで大事なのは、ほめるところがないときに、そのまま「ない」と言ってしまわないことだ。まずは「見つけよう」「観察しよう」とすることが重要である。そして何か見つけたら、たとえそれが全体の中でとるに足らないポイントであっても、そこを拡大してほめれば、うそにはならない。

私自身をふり返ってみても、「いいところを探す」という努力を最初からしていなかったから、あんなに人間関係がギクシャクしてしまったのだ。

周囲を見回しても、いわゆる「批評眼」が鋭い人は他人の欠点が見えすぎてしまって、それを容赦なく指摘してしまうために、人間関係で浮いてしまい、最後は組織から放り出されてしまうことが多い。

自分がなぜか人間関係で浮いてしまうという人は、もしかしたらそういうところに原因があるのかもしれない。だから、見えた真実はちょっとわきに置いておいて、それとは別に「ほめられるところはないかな」と観察してみるといい。きっと何か見つかるだろう。そこを強調してほめればいいのだ。

イメージとしては修整写真である。見えたまま、しわもしみもそのまま写真に写してしまうのではなく、よくないところは少しぼかして、きれいなところを強調する。最近はデジタルカメラが主流になってきたので、雑誌の取材などで撮影したあとも「修整しておきますから」と言われるが、コメントにもデジカメのように「修整コメント」があっていい。

うそをうそだと思うから言いづらいわけで、うそにならないうそを〝常備薬〟として持っておけば、人間関係がスムーズになり、お互い気持ちよくすごせるだろう。これは人間関係を円滑にする「作法」だと思う。

相手に乗っかり、負けを認める

ほめるところがひとつもない人も困るが、逆にほめるところが満載だと、こちらに嫉妬心やねたみが起きてしまい、素直にほめられないことがある。

先日、大学近くの喫茶店で仕事をしていたら、横に座っていた男女の学生の会話が耳に入ってきた。

女子学生が「福山雅治ってかっこいい」とほめているのだが、相手の男子学生は「あんな奴のどこがいいんだ。ただの女たらしじゃないか」とけなしている。**私はかつて自分もそうだったから、男子学生の気持ちがいやというほどわかった。しかしはたで見ていて福山雅治と張り合うほどばかばかしいことはないと思った。**

冷静に考えれば、「いやいや、そこで張り合っても」と思うのだが、嫉妬心やねたみはおそろしいもので、理性を超えて、どんどん増殖し、愚かな行動に走らせてしまう。男子学生がむきになって、福山雅治を否定すればするほど、女子学生が引いていくのがわかった。意地を張ると深みにはまってしまうので、そこは気持ちを切り換えることが大事だ。

「負けるが勝ち」ではないが、そもそも最初から勝ち負けさえ関係ない次元の話だったら、相手の「ほめ」に乗っかっていくほうが賢い。

「いやあ、ほんとすごいよね、福山雅治。歌も演技もできて、かっこいいし、頭もいいしね。声までいい。天は二物どころじゃなくて、何物も与えちゃってるね」と一緒になって盛り上がってしまえばいいのだ。

それでもちょっと悔しさが隠せないようだったら、「いやあもう、僕があれくらいの容姿だったら、絶対僕のほうが圧勝してるね」とでも言っておこう。そして「コメントも面白いよ」と、別の角度からほめる要素を足していくのだ。

「けっこう突き放したクールなコメントを言うところがすごいよね」とほめていくと、その話で盛り上がって、場が活気づく。そのほうが否定するより、ずっと印象がいいし、同じ話題で共感しあえるだろう。

「言い換え力」をつかって共感関係になる

「ほめる力」の参考になるのは、阿川佐和子さんの言動である。阿川さんくらいたくさんの人と会っていると、中には絶対合わない人やほめられない人もいるはずだが、そんなところは微塵も見せない。誰に会っても、機嫌よくほめているのである。おそるべし、阿川佐和子！　だから阿川さんの技を会得できると、どんな人が来ようと怖いものはない。

手をたたいたり、驚いたり、笑ったりという阿川さんのリアクションが、ほめ方の基本技になるという話をしたが、少々気難しい相手に対しても、阿川さんはさまざまな技を炸裂させて、話にのせてしまう。

まず基本技のリアクションをつかうのはもちろんだが、阿川さんがすごいのは、相手の言葉をもう一度つかいながら話をしたり、ちょっと言い換えてつかうことだ。この技は、気難しい人はもちろん、とくにほめるところがない人につかえる便利な技だと私は思っている。

というのも、相手の言葉をつかったり、言い換えるのは、ひじょうに共感力を呼ぶコミュニケーションのとり方だからだ。インタビューでも、こちらが用意したことだけを一問一答方式で聞いてしまうと、アンケートに答えているようで、聞かれたほうは空しくなる。自分の話をあまり聞いてもらっていないような気持ちになってしまうのだ。

だが阿川さんのように相手の言葉を反復しながら、「こういうこともありますよね」と中身をずらしたり、あえて「じゃあ、どうすればいいんでしょうかね」と質問したり、「とくにこれだ！　というものは何ですか」と対象を絞り込んだりして言い換えていくと、会話が進んでいく。

この反復して言い換えるやり方は、たんに相手の言葉をくり返したり、要約してずらしたりしているだけだが、相手は「共感してくれた」と思うことが多い。ほめるところが見つけられない相手に対しても、相手の言葉を反復して言い換えるだけだから、活用しやすい。

この「言い換え力」はコミュニケーションの中では最重要の技だと私は思っている。だからみなさんもまずはおうむ返し的なところから練習していくのがいい。

相手が「もう二〇年、ここで営業していまして」と話したら、「二〇年！」と反復する。ただのおうむ返しだが、重要なところを反復して、さらにリアクションをつけて驚いてみせるので、相手は気持ちがよくなって、さらに話が発展していく。

このおうむ返しがうまくなったら、さらに相手の言葉を要約して言い換える本来の意味での「言い換え力」にバージョンアップさせていくといい。週刊文春で連載し、本になった『阿川佐和子のこの人に会いたい8』（文春文庫）で阿川さんの「言い換え力」を見ていくと、たとえばタモリさんへのインタビューで、こんなところがある。

タモリさんが実は人見知りで、嫌いな人もけっこういるが、番組ではその人の嫌いなところが面白くなる、という話をして、「とにかく異質な人ならその違いをそのまま楽しめばいい」と言う。

それを受けて阿川さんは「無理に合わせようとしない」と発言するのだ。これはタモリさんの言葉と内容的には同じことを言っているのだが、言い換えることによって、「そうだ、そうだ」と相手の同意を誘い、「わかってもらえた」という共感を呼び込むのである。

このように、こちらが「受け取りましたよ」という信号として、相手の言葉を要約して言い換えると、たいてい会話はうまくいく。万一、要約が間違っていても、相手は「そうではなくて」ということで話がつづいていくので、会話が成立するのだ。

ことさらほめるコメントを言わなくても、あなたの話を聞いて、受け取りましたよ、というメッセージを発するだけで、相手にとっては自分が認められた証明になり、ほめられたのと同じ効果をもたらす。

「言い換え力」を磨くには、語彙が多いほうがいいが、かりに少なくても相手の話を意識的にほかの言葉で言い換える練習をしておけば、だんだん広がりが出てくるだろう

とにかくほめるところがなくて、「ほめコメント」が見つからなかったり、会話がつづかないときは、相手の言葉を言い換えていけばいい。コミュニケーションは言い換えなのだ、と思っていればいいのだ。

互いに言い換え、質問していって、それがうまくかみあうと、いい感じに話が進んでいく。ということはそこに大きな感情的な共感がなくてもいいわけだ。「全然ほめ

るところがないじゃないか」という相手に対しても、相手の言葉を言い換えて、質問していくことで、ほめたのと同じ効果が生まれる。

嫌いなところを楽しんでしまう

コミュニケーションがうまくいくかどうかは相性次第だと思っている人がいるが、大間違いだ。相性が悪いから会話がうまくいかないのではなく、コミュニケーションの技術がないからうまくいかないのである。

だから「この人は嫌いだから、会話がうまくいかない」というのは理由にならない。**阿川さんにしてもタモリさんにしても、どんな相手が来ても、いい気分にさせて話が引き出せる。それは彼らに技術があるからだ。**

その技術のひとつが、タモリさんが言うように相手の嫌いなところさえ楽しんでしまうということだろう。世の中には、本当に嫌な人もいる。あるいは自分とまったく相性が合わない人もいる。そういう人とでもコミュニケーションをとったり、場合によってはほめたりできるようにならないと、人生は快適にすごせない。

嫌いだからとか、ほめるところがないからと逃げてばかりいると、年をとるにつれて逃げなければいけない人がどんどん増えてくる。

そんな人生は不自由でしかたない。どんな人とでも共感を持って交われるようになるには、**相手の嫌いなところさえ楽しんでしまう技術が必要なのである。**

やり方としてはこうだ。嫌いな人や、ほめるところがまったくない人が目の前にいたとする。その嫌なところに心の中でつっこみをいれながら、楽しんでしまうのだ。「ほんとにまあ、感じ悪さが天下一品」とか「その皮肉なものの言い方、たまりませんね」とか「よく、まあ、自分のことばかり話しますね」とか、心の中でひとり言を言って楽しんでいればいい。

あるいは「この人のこんなところは、見ようによっては面白い」と見方を変えてしまう手もある。

人を変えるのはものすごく難しいので、ここは自分のほうでとらえ方を変えて、楽しんでしまうほうが楽だろう。そうすれば、少なくともほめる身体の基本である〝ネガティブベール〟をはずすことができるので、嫌いな人との間にできた垣根がくずせる。

私はテレビ番組で地井武男さんとご一緒したことがあるが、地井さんは本当に誰に対しても垣根なく交わってしまえる親しみやすさがあった。押しつけがましさがなく、誰とでも本音に近いところで話ができるのだが、それは地井さんが人の好き嫌いをあまり意識せず、たとえ嫌いな人に対してでも楽しんでしまおうとする垣根の低さがあるからではないだろうか。

おそらくあの人情味のある話し方は、小さい頃から身についたものなのだろう。映画の『男はつらいよ』に出てくる寅さんやその周りの人たちも、好き嫌いに関係なく、本音でぽんぽんものを言い合い、お互いの間に垣根をもうけない。その点では地井さんと共通項がある。

私から見ると、彼らはある種の〝コミュニケーション・エリート〟だ。好きな人の前では雄弁に語れるが、嫌いな人の前ではギクシャクするというのでは、真のコミュニケーション・エリートにはなれない。

嫌いな人が現れても、その嫌いなところを楽しんでしまい、さらには無意識にほめ

てしまえるようになれば、人生はどんなに楽しくなるだろう。

クラス全員をほめられる教師的な視点を持つ

教師はほめるのが仕事のようなところがある。とくに小・中学生など年齢が小さいうちは、ほめてほめてほめまくって、やる気にさせるのが教師の仕事だ。

しかし一クラス三〇人も生徒がいれば、本当にほめるところが見つけにくい子どもも出てくるだろう。それでもほめるのが教師の職務だから、その三〇人を均等に持ち上げて、「ほめコメント」を言わなければいけない。

もし教師が否定的なコメントを言ったら、生徒はそのまま心が折れて、立ち上がれなくなってしまうかもしれない。そうした事態を防ぐためにも、教師は多様な「ほめコメント」を練習しておかなければいけない。

私の知り合いで小学校の教員を務めている人がいる。子どもに作文を書かせて提出させるのだが、小学校低学年が書く作文はそれほど上手ではない。それでもその一つひとつにすべて「ほめコメント」を書いて、子どもたちに戻すそうだ。

また中学の教員になった私の教え子はこの間、二〇〇人の生徒のノートを回収して、「ほめコメント」を書いて戻したという。すべてのノートに「グッド」とか「ここがいい」とか「鋭い」とか書いて返したそうだ。

それをやったら、子どもたちがものすごくしっかりノートを取るようになったと言っていた。板書だけでなく、先生の話をメモしたところに赤丸や「ほめコメント」を書いてやったという。

そのノートをやりとりするうちに、みんながいよいよ教師の話をよく聞いてメモするようになった。その結果、学力も急速に向上したと喜んでいた。

相手にほめるところがないとか、ほめるのが苦手という人は、教師になったつもりで、三〇人の生徒をほめる多様な教師的視点を持つといいと思う。

教育的な配慮を持って人に接すると、相手にほめるところがなくても、その人の努力しているところや一生懸命なところが見えやすい。

たとえば、少しも面白くないギャグを飛ばす人がいたとしたら、普通はギャグそのものに注目して「面白くない。ほめられないな」と思うが、教師的視点を持てば、その人がギャグをひねり出すために一生懸命努力したことに注目できる。

すると「ここはほめてあげようかな」という気持ちになって、「ほめコメント」が生まれやすいのだ。

普通に生活していると、ほめられる人はどうしても偏りがちになる。「ほめコメント」が集まる場所が固定化してしまって、ほめられる人はいっそうほめられ、ほめられない人はそのまま放置される。

この「ほめコメント」のアンバランスを是正するためにも、私たちは教育的配慮をある程度持って他人に接したほうがいいと思う。そうすれば、ストレスでくじけやすい人たちがもう少し減って、職場や学校が明るくなるのではないだろうか。

Aチームから Bチームに落としてみる

ミスをしたり、失敗したりしてものすごく自信をなくした人に対して、どのようなほめ方ができるのだろうか。このことに関して、大変参考になる例がある。

女子サッカーのなでしこチームに近賀ゆかりという選手がいる。彼女はワールドカップの最中、勝てる試合で敵の動きを見逃し、失点を許してしまった。そのことでひどく落ち込んでしまったという。

そのとき佐々木則夫監督がどうしたのかというと、次の試合の前に近賀選手をあえてBチームに落としたのだ。Bチームに落とされたということは、次の試合に出なくてもいいということを意味する。すると、近賀選手は「よかった、明日の試合には出ないでいいんだ」と思ったのか、表情が変わったという。

プレッシャーから解放されて、彼女はBチームで伸び伸びとしたプレーを見せた。そこで佐々木監督は練習後に彼女に声をかけた。「近賀、今日いい動きをしていたな」とまずはほめ、そして笑顔になった近賀選手に対してこう言ったのだ。「明日、

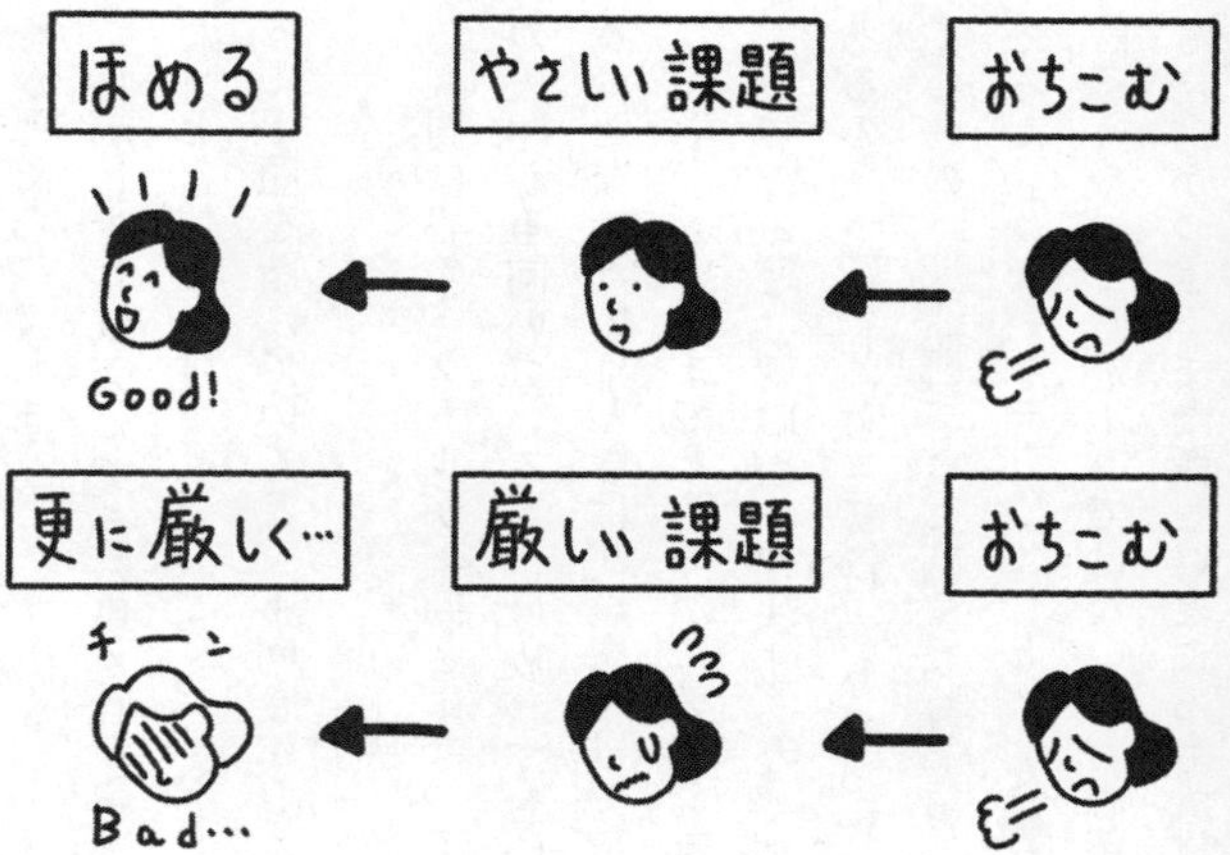

頼むぞ。ゴール前のクリアだけ、コーチと練習しておけよ」（『なでしこ力』より）

監督は近賀選手をBチームに落としてリラックスさせ、そこでほめて「明日の試合は頼むぞ」と持っていった。近賀選手はすぐに自信を取り戻して、ワールドカップで日本を勝利に導く貴重な活躍をみせたのである。

佐々木監督がとった手順はこうだ。落ち込んでいる人に対して、負担を減らして別のチャンスを与える。そしてほめて自信を回復させて、元に戻すというやり方だ。普通はこの逆をやってしまいがちだ。つまりへこんでいる人により厳しい課題を課してしまう。すると、さらにくじけてもっと状態が悪くなってしまう。

しかし少し気楽にできる場を与えて、「できているじゃないか」「これなら大丈夫だ」と自信をつけさせ、「じゃあ、もう一回頼むよ」「これだけは注意しろ」というふうに手順を踏んでいくと、下向きになっていた気分が上向きになってくる。

人間は心のベクトルが下向きになっていると、本来の実力が発揮できない。気持ちの矢印が上向いているときは放っておいても大丈夫だが、「この人、何だか下向いちゃったな」というときは、声をかけてやる必要がある。

大学でもいままでと明らかにテンションが違って落ち込んでいる学生がいて、話を聞いてみると「就職がまだ決まらなくて」と言う。そういうときは、「選択肢は何があるの?」「難しいところばかりねらいすぎじゃない」「本当にマスコミ以外は行きたくないの」「マスコミじゃなきゃ嫌だという理由は何?」「その理由だけじゃ漠然としてるんじゃない?」「ほかにもこんな職種があるし」と細かく話していく。

そうやってBチームではないが、志望のレベルを広げてやると、そこで内定が取れて自信がつき、また難しいところも受けられるようになる。

こんなふうに落ち込んでいる人には、クリアできるような少しやさしい課題を与え、できたことをほめてやって、自信を回復させるやり方がおすすめである。

視点をずらして、見るポイントを変える

ほめにくい人には、ほめる基準を変えてほめてやるという方法がある。私は予備校で教えていたことがあるが、テストの点数だけで見ると、どうしてもほめようもない学生がいる。偏差値三〇とか四〇だと、「もうどうやってほめればいいんだ」と頭を抱えてしまう。

そういうときでも少し視点を変えて、別の基準で答案用紙を見ると、その人の良さが発見できる。「ここを間違ったのに、ここを正解する人はいないんじゃないかな」とか「これに関してはナンバー1だ」などと言っていくと、学生が三〇人いれば三〇人ナンバー1をつくることもできる。要は「これに関しては」と限定をつけたり、別の観点にずらして、見るポイント自体を変えてしまうのである。

先日見たテレビ番組では、美人の基準についてとりあげていて、大変興味深かった。日本では美人を判定する基準は、「顔」の比重が大きい。だがアフリカのある国では、顔より体つきのほうが重要だという。その国ではでっぷり太っていてお尻が大きい人が好まれる。

また私の知り合いの女性は、「日本ではいまひとつもてないが、東南アジアに行くとものすごく人気がある」そうだ。フランスでは会話が上手で知性があることが美女の条件になっていると聞く。

美の基準だけで、これだけ異なるのだから、ほめるときも何かひとつの視点に固定化して、「これだとほめられない」とか「こうだとほめられる」と決めつけることはない。「ここではほめられないが、ここではほめられる」というように、柔軟な基準を持つことで、いろいろなほめ方ができるのだ。

基準を変えるとは、つまり視点を変えることだ。これについて私も最近ある経験をした。女子高生に人気の西野カナという歌手がいる。彼女は自分で作詞もするのだが、その詞の内容がどれも似ていて、私にはみんな同じように聞こえてしまう。

なぜあれがいいのだろうと不思議に思っていたのだが、あるとき「あれはギャル演**歌だ」と言われて、「そうだったのか」とすべてに合点がいった。西野カナのあの世界は、中高年にとっての演歌と同じ作用を女子高生たちにもたらしていたのである。**おやじたちが酒場で演歌を歌って癒されて家路につく。その演歌の歌詞はだいたい同じだし、メロディもよく似ている。

そもそも演歌とはそういうものだ。同じような感情を反復し、歌詞やメロディもほとんど同じようなものを聞いて、みんなで癒されているのだ。

それと同じことが一〇代の女の子たちにも起きていたわけだ。すると、いままで理解できなかった西野ワールドやギャルたちにも共感できるようになって、見る目が変わってきた。「ギャル演歌」という視点をひと言もらっただけで、「ああ、そういうふうに見ればいいんだ」とほめることができるようになった。こうして、受け容れの姿勢ができると、彼女の各曲のちがいもわかるようになった。

だから何だかよくわからないというとき、見る視点を教えてもらうと目からうろこが落ちる。たとえば現代アートを見に行って、さっぱりわからないときに、解説を読んだり、説明のイヤホンを借りたりして、視点を教えてもらうと、「ああ、そうか。

そういう意味でいいんだ」ということがわかってきて、急に好きになったりする。

するとどんどん理解できるものが増えていって、いままでほめられなかったものもほめられるようになる。ほめられないときは視点を変える。覚えておいて損はない技だ。

「相談をもちかける」という究極の裏技

なかなかほめられない相手というのは、自分がコミュニケーションを取りづらい相手であることが多い。そういう相手とコミュニケーションをとる究極の裏技が「相談する」あるいは「相談にのる」というやり方だ。

コミュニケーションにおいて「相談をもちかける」とか「相談にのる」という関係は、ものすごく親密になりやすい。

前出の『舟を編む』という小説にこんな場面がある。主人公の馬締光也はタケおばあさんが経営する古い下宿に住んでいるが、あるとき、タケおばあさんから夕飯に誘われる。

馬締は営業部から辞書編集部に異動になり、辞書の編集を担当することになったばかりだった。編集部内で浮いていることを馬締は気に病んでいた。

するとタケおばあさんが「いまさら、なんで浮いていることを気に病むのかねえ」とか「みっちゃん（馬締のこと：著者注）は、職場のひとと仲良くなりたいんだね。仲良くなっていい辞書を作りたいんだ」と言う。馬締は自分の内面をズバリと言い当てられてドキリとする。

こういうコミュニケーションは相手の心のけっこう深いところを突く。このタケおばあさんはやはり人生経験を積んだだけあって、年の功的なゆるやかな人生相談ができるのだ。

この芸当は年齢を重ねた人がよくやるが、若い人もできなくはない。ごく普通の感触として「じゃあ、みんなと一緒にうまくやりたいんだね」とか「別にいままでと同じでいいんじゃない？」という会話は誰にでもできる。

相手が何かに悩んでいそうなとき、「こうなんだね」という言い方はうまくはまると、相手との距離を急激に近づけるのだ。相手が乗ってきて、相談をもちかけてきたら、話を聞いてやればいい。

相談するほうはけっこうしゃべりたがるわけだから、話を聞いてやるだけで、必ずしもこちらが解決策を提示しなくてもいいのだ。「そうだね。でも本当はこうしたいんじゃないの?」と問いを相手に預けていくだけで、会話は進んでいく。これは「ほめコメント」とは違うが、相手の心に深く届くという意味で「ほめコメント」をあげたのと同じくらいの効果を相手にもたらす。

一方、こちらから相談を持ちかけて、相手との距離を一気に縮めるという方法もある。『舟を編む』では、馬締がタケおばあさんの孫娘の林香具矢《かぐや》を好きになってしまう。タケおばあさんが馬締に「香具矢には、みっちゃんみたいなひとがいいのかもしれないねえ」と言うと、馬締はすかさず「では、それとなく、さりげなく、香具矢さんに俺をおすすめしてください」と頼む。タケおばあさんは「しょうがないねえ。できるだけやってみるけれど」と引き受けてくれるのだ。

相手が世話好きな人であれば、こんなふうにお願いしてみるのも、距離を縮める最適な方法となる。まったく人に頼らないよりは、うまく頼むことによって、「この間はお世話になったので、今度は私がお返しします」というように、やりとりが進んでいく。

ほめるというのとはちょっと種類が違うが、ほめる言葉がなかなか見つからない相手でも、うまく相談を持ちかけたり、相談に乗ったりしていると、ほめたのと同じぐらいかそれ以上に濃密な人間関係が築けるわけだ。

苦手な人に、深刻でない問題をあえて相談することで、関係が改善されることはよくある。「相談」は、一度試してみる価値のある裏技である。

審美眼を磨くと何でもほめられる

審美眼とは美を判断する眼力だ。何を美しいと思うか、何をおいしいと思うかという美的な感覚が一致すると、お互いの大事なところを認め合うことになって、一気に共感が深まる。

たとえばその人がいいと思っているものに関して、「あ、たしかにこのポイントがいいですよね」と乗っかっていくと、その人の気持ちをぐっとつかんでいくことができる。

自分の審美眼を柔軟にしておけばおくほど、相手の審美眼にどんどん合わせられるので、その人の気持ちを増幅させることができる。

つまりほとんどのものを「いい」と言える審美眼があれば、どんなものでもほめられるから、相手に乗っかって共感を引き出したり、相手の気持ちを鼓舞することができるといえる。まさに最強の「ほめる力」だ。


私はこの一〇年間ぐらい、ありとあらゆるものをほめてきた気がする。本書でも「この人はすばらしい」などとほめてきた。ある時期から「世の中にはいいものがあふれている」と考えるように切り換えたので、以来、その「いいもの」を紹介するようにしていると、たいていの人と共感できてしまうようになった。

いいものを見つける審美眼を磨いているうちに、たいていのものをほめられるようになったわけだ。これはとても便利だった。自分の好き嫌いに関係なく、とにかくいいポイントを見つけ出せるのだから、「好きじゃないけれど、ここはいい！」と言えるようになって、人間関係が驚くほどスムーズになった。昔の私からしたら、信じられないことである。

もちろん私にも趣味やテンポが合わない人もいるのだが、それでも「この点はいい」と言えてしまう。お世辞ではなく、本当にいいと思えてしまうところが、全方向的審美眼を磨いた〝たまもの〟である。

最初はすごいと思えなくても、観点を変えて見ていくと、すごいところが発見できて、「これはすごい」と思えるのだ。先ほど視点を変える話をしたが、**審美眼を磨くのは、さまざまな視点を持つこととつながっている。**

この先、みなさんが生きていく上で、ほめることに関して、自分の本心を偽ってばかりいたら疲れると思う。ほめられない人を無理やり偽ってほめていても長く続かない。相手も「これはお世辞だな」「心にもないことを言っているのだろう」と気づいてしまって、かえって人間関係をこじらせたり、相手の自信を失わせてしまう。

だからここは虚心坦懐に、心底いいと思ってほめる練習をしたほうがいい。そのために審美眼を広げ磨くのである。

審美眼を広げるには、最初は自分が好きなものを徹底追求することから始めればいい。たとえばフェルメールが好きなら、展覧会に行って、本物を見てみる。会場にはパンフレットや音声ガイドのイヤホンがあるが、そういうものをできるだけ使ったほうがいい。

とくにイヤホンガイドはおすすめである。いまはたいていの展覧会にはイヤホンガイドが用意されているので、それを借りることをおすすめする。

私は美術展を見るときは、必ずイヤホンガイドを借りることにしている。なぜなら絵の良さはパッと見ただけではなかなかわからないからだ。でもガイドをしてもらうと「ああ、そうなのか」と発見があるので、勉強になって、あらたに審美眼が広がる。

文学作品も同じだ。誰かいい〝師匠〟に解説してもらったり、評論を読んで見方を学ぶと、文学を味わう審美眼が磨かれる。

たとえば池澤夏樹さんの『世界文学を読みほどく』（新潮選書）では十大傑作をあげているが、こうしたものを読んでおくと、傑作といわれる作品の何が素晴らしいのかがよくわかる。池澤さんは哲学者キェルケゴールの『死に至る病』（白水社）の解説も書いているが、私たちと時代も宗教もかけ離れたキェルケゴールが、池澤さんの手にかかると、まるで手触り感のあるようなところまで近づいてきて、身近に感じられる。

解説を読むと見方が偏ると心配する人がいるが、私はそうは思わない。古典をそのまま読んで深く味わえる人などめったにいない。そういうときに〝案内人〟として誰かに解説してもらうのは、審美眼を磨く意味でも大変効果がある。

見方が偏るのが心配なら、一人の紹介者だけでなく、何人もの紹介者の解説を読めばいいのだ。ちなみに私がハイデッガーの『存在と時間』を読んだときは、解説書だけで二〇冊近く読んだ記憶がある。

それくらい難解な書物だったのだが、新しい解説書を読むたびに、「へえ、そうなのか」と発見があって面白かった。ハイデッガーのことを一生懸命研究している人が書いてくれたわけだから、こんなにありがたいものはない。

そういうものを読みまくっていると、いいところをほめるのと似ていて、どこがいいのかわからない難解なものでも、ポイントがわかってくる。

このように、**いろいろな解説や評論にふれることで、教養を広げることになるし、審美眼を広げてほめポイントを発見する練習にもなるので、〝一石二鳥〟である。**

審美眼は「これはすごくいい」というときに働くだけではない。「これは全然ダメ」「これはひどい」というときも働いている。

「これはダメですよね」というものが一致したときは、「これがいいですよね」というものが一致したときと同じぐらい、場合によってはそれ以上に盛り上がるものだ。「この人もこれが嫌いなんだ」とわかると、そこでおおいに共感しあえる。

人の悪口を共有しあうのが、とても気持ちがいいのは、「ダメなもの」に対する審美眼が一致しているからだ。ただ、人の悪口にあまり乗ってしまうのは、「陰口をたたく人だ」と自分の評価を下げてしまうので、おすすめできない。

どうしても悪口になってしまうときは、芸能人の悪口に転換してしまうに限る。芸能人なら、多少の悪口を日常会話で言っても、彼らには直接被害がないし、それを含めて彼らの「仕事」といえる。

芸能人をネタにして「あの人は全然ダメですよね」「おもしろくも何ともないですよね」と話題をふって、「そうだ」「そうだ」と盛り上がっていれば、罪はないし、お互いの距離も縮まる。

テレビを見て話題を広げておく

審美眼を広げるのとは対極にある感じがするが、テレビを視聴するのも相手の興味や関心、話題に合わせるという点で、共通するところがある。

私はテレビの〝ながら視聴〟をかなりしているほうだ。一日平均四～五時間はテレビを〝見て〟いるだろうか。家ではたいていテレビがついていて、私は本を読んだり、原稿をチェックしたりしながら、ときどき面白そうなところだけテレビを見ている。

テレビは玉石混交だが、公共的なゆるさがあって、そこで磨かれる常識感覚があると、話題が広げられる。いまは番組が増えて、BSやCS放送もあるので、その中から選んでいくと、相当充実した知識が得られるだろう。

私は自分が面白いと思う番組は録画しておいて、あとで一・五倍速で流して見ておくこともある。そうやっていろいろな番組を見ておくと、どんな分野の人に会っても困らないし、もちろん一般の人や専門家と会ったときも、違和感なく話ができる。

テレビ番組の良さは、お互いに同じものを見ていたときにそれを語るだけでそうとう盛り上がれることである。「あの番組、見た?」「見た、見た。面白いよね」ということで、苦手な相手とも会話がつづいていく。

共感するネタをたくさん持っていることによって、お互いに「これは一緒だね。この価値観は共通だね」と認め合えるので、ほめたのと同じような親近感が生まれるのだ。

ふだんの会話では、私たちはお互いに相手の人格を認める発言が難しい。あらたまって「あなたの人間性が素晴らしい」などということは言わない。ましてやほめる箇所を見つけにくい相手だと、面と向かって「ほめコメント」を言うのは至難の業である。

そんなときに、テレビ番組でも何でもいいが、いいと思うものを一緒にいいと思えるとか、「あ、これはやっぱり嫌い」などお互いに趣向が一致すると、わざわざ「ほめコメント」を言わなくても、相手を認める関係になれるのだ。

ネタが豊富にあればあるほどいいわけで、相手の傾向をみはからって、この人は審美眼の種類で共感できる人か、テレビネタで盛り上がれる人かがわかれば、「これ、いいですよね」と話題をふって、そこで共感しあうことができる。

私はテレビと同じくらい、雑誌を読んだり、ラジオも聞いているので、誰と会ってもだいたい関連する話題が言えるようになってきた。

たとえばテレビ局で初対面のグラビアアイドルの人と会っても、「この間、番組で歌を歌っていましたね。あそこで民謡を入れたのがよかったですね」というようなとても具体的なことが言える。

言われたほうは、ものすごく驚いて「この人はそんな細かいところまで見ていてくれたのか」と感動する。**初対面でどこをほめたらいいのかわからない人でも、細かいネタをあげて指摘すれば、ほめたのと同じように相手の気持ちを鼓舞できる。**

先日、やくみつるさんと対談した際、やくさんもものすごくテレビを見ていると言っていた。一日十数時間見るそうだ。多分、私と同じようにテレビをつけながら仕事をしているのだと思う。

やくさんは忙しい方だと思うが、それでもなぜこれほどテレビを見ているのかというと、やはり話題が増えるからだという。テレビを見ていると世の中の感覚や流れのようなものがわかる。

自分はまったくテレビを見ない、という人もいるが、私は多くの人が感じている傾向や流れを知る上でテレビは大切だと思っている。

B級センスを磨く

審美眼の延長線上にあるのが、B級センスである。B級センスと審美眼とは紙一重のものだ。審美眼を磨くのは高尚すぎて難しいという人も、B級センスなら磨きやすいのではないか。

私はB級映画を見るのが好きなのだが、このB級センスを磨いておくのも、ほめられないものをほめるときに役立つと思う。

私が最近見た中でけっこう受けたB級映画は『マチェーテ』（二〇一〇年）というアメリカ映画だ。マチェーテとはスペイン語で「斧」という意味らしいが、これがもう完全なB級映画で、荒唐無稽そのものの話だった。主演俳優は五〇過ぎの不細工なおっさんだ。この男がなぜか女にめちゃくちゃもてる。もてまくりながら、麻薬組織を倒していくという、ただそれだけのしょうもない映画である。しかし面白い。スティーブン・セガールやロバート・デ・ニーロがわき役で出てきたりして、それがこの映画を盛り上げている。

映画を見た人たちのコメントが面白かった。「これこそB級映画の傑作だ」とか、「まともな映画として見たらどうしようもないが、B級という観点で見たら面白すぎる」とか「知らないうちにはまってしまって、もう一回見たくなった」など、「ほめコメント」の嵐である。

B級映画も捨てたものではないと思った。それで思い出したのが、映画評論家の淀川長治さんである。淀川さんは「私はまだかつて嫌いな人に逢ったことがない」ということを言っていて、そういう名前の本も書いている。

「嫌いな人に逢ったことがない」というのはものすごい名言だ。確かに淀川さんは人に対しても、映画に対しても、どんなものでもほめまくるテンションを持っていた。

日本だけでなく、ハリウッドやカンヌにも行き、世界中の人たちとコミュニケーションしていたわけだが、あの「ほめる力」があれば、どこに行っても無敵だったに違いない。

淀川さんの「ほめる力」がどこから生まれてきたかといえば、ありとあらゆる映画を見尽くしているあの知識量にあったと思う。それこそB級映画もさんざん見ただろう。

だから「あの人、知ってる?」と聞かれると、「知ってる、知ってる。あの映画、よかったよね」とか「あれ、いいよね。あの場面」とすぐそこで話が広がるので、場を盛り上げることができる。

とくにマイナーでオタク的なものになればなるほど、「知っている」ことはものすごく大きな共感を呼ぶことになる。だから徹底的に広く、浅く、B級センスを磨き、何でも知っておくことは、普通の人にはほめられないものでもほめられる最強の「ほめる力」をつけることにもなると私は思う。

声を出して場を温める「ガヤ力」を鍛える

ほめるのとは、少し違うのかもしれないが、私が最近思っているのは、場を盛り上げることの大切さだ。

どうにもほめられない、とんちんかんな発言や白けた空気のとき、「いいよ、いいよ」とか「いや、面白い！」と声をかける。野次のような感じだが、野次は相手をこきおろすのに対して、こちらは盛り上げるので、野次とは言わず、「ガヤ」と呼ばれている。

おそらく「ガヤガヤする」の「ガヤ」からとったのだろう。

野球やサッカーの試合で、ベンチにいる控えの選手が味方を盛り上げるときにつかったり、応援団が味方チームを励ますときにつかったりする。歌舞伎で「成駒屋！」とか「待ってました！」と声をかけるのも、「ガヤ」の一種だろう。

この「ガヤ力」が最近はいろいろな場面で必要とされている気がする。私のゼミでも、ガヤを飛ばすのが上手だった学生がいた。自分のクラスで「今日はこのクラスはガヤ部だ」と言っていて、大変授業がやりやすかった。その学生が、卒業して学校の先生になったのだが、クラスでガヤを飛ばさせるようにしたら、ものすごく盛り上がったという。まず教師が入ってきたら「待ってました！」と声をかけさせたりする。すべったことを言っても、みんながガヤを飛ばして励ましてくれるので、子どもたちが発言をこわがらなくなって、とても積極的なクラスになった、と言っていた。

この、場を温める「ガヤ力」は〝ほめ〟とは少し違うが、「いまのでいいよ」「最高!」などとこまめに言ったり、にぎやかに拍手をしていくことで、ほめたのと同じような効用をもたらす。

たとえば忘年会で誰かが芸をしたとする。その場に上手にガヤを飛ばせる人間がいると、すべった芸でも場が盛り上がる。

これは一種の社会性ともいえる。「ほめコメント」と同じように、関係性がよくなって、場全体が温まるのだ。

「ガヤ力」は言ってみれば社会の潤滑油のようなものだ。気がきいた「ほめコメント」が出てこなかったり、どうしてもほめようがない相手に対してでも、「ガヤ力」をつけて盛り上げられれば、「この人は社会性があるな」と評価されるようになる。

発言の内容は「いいよ、いいよ」とか「最高!」とか、たわいもないものでいいので、「ガヤ力」を鍛えておくと、いろいろな場面につかえておすすめである。

第五章

ほめるトレーニング

「ほめる力」は日々のトレーニングで鍛えられる

毎日一個必ずほめる

イタリア人のように、女性をほめなければマナー違反だ、という文化があれば、日本人ももう少しほめ上手になれただろう。だが悲しいかな、私たちはほめることに慣れていない。ほめないことがコミュニケーションの癖になってしまった民族だから、ここはひたすら練習して、「ほめコメント」が言えるように訓練しなければいけない。

ほめるトレーニングとして私が実践しているのは、毎日「必ず一個ほめる」ということだ。まずはレストランで練習してみるといい。行きつけの店があったら、「今日のこれはおいしいですね」とほめてみる。レストランなら気軽にほめられるし、万一ほめ方のポイントをはずしてしまっても、ビジネスの場ではないから、大ごとにはならない。私は店員さんをほめることも多い。

とにかく行った場所、会った人ごとに、ほめられる限りほめてみることだ。そして「今日も人を一個ほめた」と手帳にチェックを入れていく。

いい「ほめコメント」ができたときは、自分のコメントを記録しておこう。「ほめコメント」の語彙が増えていくだろう。

「ほめられたい」とばかり思っていると、なかなかほめてもらえないので、いやになってくる。むしろ、**ほめる側に回ってみる。すると、案外気持ちに余裕が生まれる。「一日一個ほめコメント」を自分のノルマにして、「ほめコメント」のセンスを磨いていくことが大事だ。**

あらゆる場をほめる練習だと思って活用していると、かなり気軽に「ほめコメント」が言えるようになる。

いまはツイッターやフェイスブックで言葉のつかい方やルールを学んでいる人が多いが、ＳＮＳでほめるより、ライブでほめるほうがハードルが上がるので、ぜひバーチャルだけでなく、リアルの場で「ほめる力」を磨いてほしい。

私がとくに積極的にほめてほしいと思うのは、女性に会ったときだ。というのも、日本の女性は男性が思う以上に気をつかって身ぎれいにしていると思うからだ。世界各国の都市に行っても、日本の女性はまったく遜色ないくらい、あるいはそれ以上にきれいにかわいくしている。もはや世界中が日本女性の「ＫＡＷＡＩＩ」に憧れているというのに、彼女たちが日本の男性から少しもほめられないのはあまりに理不尽である。

かつてはヨーロッパの女性たちのほうが彩りがきれいで、日本の女性はちょっとくすんだ感じが多い気がしていた。ヨーロッパから帰ってくると、「あれ？　どうして日本人の女の人は、こんなにパッとしない色ばかり着ているんだろう」と思ったものだが、最近はそういう印象はまったくなくなった。むしろ外国に行ったときのほうが、意外にそっけない感じがする。

こんなにも日本の女の人はがんばってきれいにしているのに、その努力がほめられないのは気の毒である。

日本の男性があまりにほめないものだから、ついに女の人は女の人同士でほめ合うようになってしまった。**おしゃれをするときも、男性に見せるためではなく、女性に見てもらうためにがんばる人まで出てきてしまったと聞く。何をしているのだ！　日本男児！**

このまま放っておくと、日本の女性の眼中から日本の男性が消えてしまうのではないかと心配してしまう。

日本人の男がほめるのが苦手なのは武士道の妙な名残があるのも一因だろう。とくに身内に対しては「あまり簡単にはほめないぞ」という伝統があった。武士が家に帰って奥さんに「いやあ、きれいだねえ。城から帰っておまえをみるとほっとするよ」などとは言わなかった。

日本では「言わなくてもわかる」という関係性になってしまい、「死ぬまで言わない」文化をつくってしまったのだが、それではいまの世界では通用しない。**日本の男性はとくに意識して、「気づいたらさっと言う」練習をしないといけないと思う。それを「チャラい」と受け止めるのではなく、相手をちゃんと認めるのだと思えばいい。**

私もどちらかというと、ほめるより辛辣に真実を口にすることをもってよしとするタイプだったが、これをやっていたら、人間関係が悪化する一途だった。

本当のことをズバズバ言うのではなく、少し選んで言うようにするとか、〝ネガティブベール〟をとってポジティブに発言していく練習をして、とにかく毎日一個「ほめコメント」を言う訓練をするに限る。私も懸命にその努力を重ねた結果、いまはほとんどのシチュエーションで人をほめることができるようになった。

この口の悪い私ができるようになったのだから、普通の人ならもっと簡単にマスターできると思う。まずは一日一個の「ほめコメント」から始めてほしい。


DVDやユーチューブ（YouTube）のコメントを読む

ふだんからいろいろなコメントに注意しておくことも、「ほめコメント」の語彙を増やすトレーニングになる。私はコメントを読むのが大好きだ。たとえば映画のDVDを買うとき、ネットでアマゾンなどのコメントをこまめにチェックする。けなしているものもあるが、「ほめコメント」も多い。私はほめてあるものを積極的に読んでいく。すると「こういうふうに見ればいいのか」と見るポイントがわかってくるだけでなく、「ほめコメント」の勉強にもなる。

これは淀川長治さんが言っていたコメントだが、「ほめるのが難しい映画はどうやってほめるのか」という質問に対して、「それはもう何でもほめられる。『ここのトイレがよかった』と言えばいいんだ」と言っていた。

淀川さんは映画が好きだから、どんな映画でもいいところを見ようとする。そういう人のコメントはとても参考になる。


私はユーチューブのコメントもよく見ている。私は古い歌が好きで、ユーチューブでよく昭和歌謡曲の映像を見てしまう。

この間は奥村チヨの映像がアップされていて、それを見た人が「こんな映像に出会えるなんて本当にうれしいです」「なつかしいです。ありがとうございました」など、アップした人に対する「ほめコメント」をたくさん寄せていた。そういうものを読んでいると、こちらまで温かい気持ちになってくる。

よくネットでは誹謗中傷が氾濫しているというが、私が見ている範囲では、ユーチューブのコメントには意外に「ほめコメント」が多い。

先日も伊勢正三さんのライブの映像がアップされていたのだが、伊勢さんの声もおかしいし、音程もはずれている。「あれ？　正やん、どうしちゃったんだろう？」と思っていたら、ある人が「正やんがこんなふうになってしまったのは残念です。歌が下手になっちゃったんでしょうか」というコメントをアップした。

するとすぐさま他の人が「正三さんは病気で喉が不調なのに、それでもライブで歌っているんです」とコメントを返した。最初にコメントした人は「そうでしたか。知らなくて申しわけありません。その話を聞いてかえって感動しました」と返したり、また別の人が「伊勢さんはずいぶん長く苦労されていたんですよ」と新しい情報を加えたりしている。こんなふうにやりとりがつづいていくと、私まで一緒に参加している気持ちになって、みんなで伊勢さんを応援したくなってきた。

最近では、ザ・ピーナッツの映像に若い世代が絶賛コメントをしているのを読んで、心あたたまる思いをしている（ユーチューブをただで見ているだけでは申し訳ないので、CDを極力購入している）。

インターネットだから悪意に満ちているというのは偏見で、意外に人々の善意を感じることもあるのだ。だから私はついニュースでも何でもコメント欄を見る癖がついてしまった。

ついでに言っておくと、サッカーの試合などは、お粗末なプレーに対して、否定的なコメントがネット上にあふれてしまうことがある。しかし否定的なコメントの中にも、ユーモア感覚がある人がいて、くすっと笑ってしまったり、リラックスできることがある。

苦戦した東アジア選手権では、「これがJリーグ（笑）の力だよ」とか、「髪にばっかりこだわりやがって。美容師にでもなっちまえよ」といったコメントがあって、笑った。私は面白いコメントがあると、コピーしてメモ欄に貼りつけておくことにしている。

「ほめコメント」には必ずしもユーモアは必要ないが、否定するコメントにはユーモア感覚が必要なこともネットのコメントから学べる。

評論や批評から「見る視点」を学ぶ

ユーチューブやDVDのコメントと似ているが、もう少し高度なものが批評や評論である。私はこれらを読むのが昔から好きだった。なぜかというと、批評や評論は「見る視点」がないと書けないからだ。

「ものを見る視点」を教わる教科書として、批評や評論はひじょうに勉強になる。文学が好きでなくても文芸批評を読んでみたり、美術が趣味でなくても美術批評を読むことに意味がある。

つまり「見る視点」を学ぶことでほめ方がわかるのだ。どういう視点で見れば、これがすごいと言えるのかという、その目のつけどころが〝ほめどころ〟になるわけだ。

評論家は、「何についてもコメントできる人」というイメージがあるかもしれないが、本来の批評家や評論家はいろいろなものに対して「こういう視点がある」と提示できる人のことをいう。

私が尊敬している評論家の一人に吉田秀和がいる。彼の評論に『モーツァルトを求めて』（白水uブックス）という本がある。モーツァルトがいかに素晴らしいかを述べている評論だが、その視点がすごい。

たとえば神学者のカール・バルトの言葉を引用して、こんなふうに書いている。

「私は恐れるのだが、天上の神の喜んできくのは、バッハではなくて、たぶんモーツァルトの音楽だろう」（同書「モーツァルトへの旅」より）

教会の音楽といったらバッハが一番上だろう。モーツァルトは宮廷音楽が中心なので、バッハと比べることはしない。だがほめ方として「当然バッハのはずだが、むしろ天上の神が喜ぶのはこちらだ」という視点の持っていき方はなかなか思いつかない。

モーツァルトを絶賛する「ほめコメント」は限りなくあると思うが、その表現のしかたにおいて、吉田秀和さんのほめ方は明らかに一線を画している。

また吉田さんは、こんなほめ方もしている。

「交響曲の主題をみれば、いかにモーツァルトが手持ちの材料を巧妙に使っているかよくわかる」ということで、「モーツァルトが使っている音材料は、楽器の種類にしても、和声にしても、シュトラウスのそれと大差はない。ただその使用法が限りなく微妙で複雑で生き生きしている」（同「古典の複雑と精妙について」より）と、限られた材料や形式に対してどのように変化させていくかがうまいのだと、モーツァルトの素晴らしさを具体的にコメントしているのだ。

たんに「モーツァルトはうまい」とほめるのではなく、「使っている材料はみんなと同じだが、その使い方が絶妙だ」と言っている。なかなか思いつかない視点だ。

この視点は私たちもつかえる。たとえば誰かをほめなければいけないとき、「そのアイデア、展開のしかたが絶妙ですね」とか「材料の生かし方がうまい」といえばいい。

角度の違うほめられ方をされたようで、ほめられたほうはうれしい。

吉田さんは美術にも詳しくて、セザンヌに関する『セザンヌ物語』（ちくま文庫）という本も出している。彼が実際に見たセザンヌの絵を批評するのだが、その本では自分が見たセザンヌの絵をできるだけたくさん載せている。そして「これとこれを比較したら、こうなりますよね」と確認できるような共通の素材を提供しているのだ。そうすることで根拠を示したほめ方が可能になる。

このように吉田さんの評論が説得力を持つのは、文学を読んでいたり、美術にも知識があり、それが音楽ともつながってくるからだ。その知識の幅の広さがほめやすさにつながっていくことがあげられる。

だからひとつの専門分野だけでなく、もうひとつぐらい世界を持つと、ほめやすさも広がってくる。

評論家といわれる人たちは、さまざまな分野に精通している人間が多いから、どんな視点で見ればいいか教えてもらえるだけでなく、知識を駆使した多彩なほめ方を見せてもらえる。ほめ方を習うということでは、ひじょうに学べる点が多い。

根拠のないほめ方ではなく、どんな視点でほめれば「ここがすごいですね」と言えるのか、その目のつけどころを学ぶためにも、評論や批評は意識して読んでおくといいと思う。

外科手術をイメージしてキーワードを取り出す

評論や批評から学べるのは「見る視点」だけではない。本質にズバリと切り込むようなキーワードの取り出し方も学べる。

これは評価の基準がしっかりしていないと、なかなかできる芸当ではない。評論や批評は、論者が評価基準を明確にしているので、ターゲットを定めて患部に切り込む外科手術のように、的確に本質を切り取ることができるのだ。

私が印象に残ったのは、『ほこ×たて』というテレビ番組だった。富士山を山梨側と静岡側から見て対決させる企画があり、私は自分が静岡出身なので、気になって番組を見ていた。

さまざまな観点から、山梨富士と静岡富士を対決させるのだが、審査員の中に大学教授で染色家の方が出ていた。その先生の批評が実に的確で、一つひとつが印象に残るのだ。たとえばある写真をとりあげて「心が沈んでいくような」という表現をした。なるほどそう言われると、心が静まり返っていくような見事な写真に見えてきた。

最後に決定打となったのが、漁船と富士山がセットになって写っている不思議な構図の写真だった。静岡側から見た富士山の写真で、静岡には海があるからこんな不思議な構図も可能になるのである。

染色家の先生はその一枚を選んだのだが、理由がたんに「美しい」とか「不思議」だというものではなく、「孤高」だというのだ。

「自分が考える富士山の魅力は、何といっても孤高であることです。他に富士山と似た山がなく、孤高であることがこの山の本質です。それをいちばんよく表しているのがこの写真です」という言い方をした。

たしかに言われてみると、「富士山は孤高だったのか」とわかる。私たちは富士山を「きれい」だと思っているが、富士山は山脈ではない。そこにたったひとつそびえたっている姿は「孤高」以外のなにものでもない。まさに「孤高」が富士山の本質だったわけである。

また同じ審査員の中に山本寛斎さんもいらしたが、彼は「富士山の色のこのコントラストがいい」という理由をはっきり出してきた。そんなふうに言ってもらえると、評価の基準がわかってきて、こちらも本質をとらえやすい。

本質はキーワードで示すのがいちばんグサリとくる。富士山は「孤高」である、というその「孤高」に当たるキーワードを見つけるのだ。

私もいろいろな審査員をやった結果、たどりついたのはキーワードを用意しておくことだった。

富士山を見て「きれいですね」ではありきたりすぎる。やはり「孤高ですね」という本質を射抜くキーワードが必要だ。美しい女性を見て、「きれいですね」ではつまらない。「エレガント」とか「気品」といったキーワードを用意すると、「ほめコメント」のレベルがぐんと上がってくる。

塾に行っている子どもに「がんばっているね」と言うよりは、「継続力があるね」

というほめ方をしたほうが、子どもはやる気になる。「継続力」というキーワードが言えるかどうかである。

先日、坂東玉三郎さんとの公開対談があったので、事前に新歌舞伎座に玉三郎さんの『京鹿子娘二人道成寺』を見に行った。

私の前の席には三人のおやじさんが座っていて、玉三郎さんが出てくる前の演目で、爆睡していた。ところが玉三郎さんが出てきたら、だんだん起き上がってきて、ついには食い入るように見ていたのだ。

玉三郎さんの演目はせりふがなく、踊りだけで見せるものだったが、それでも寝ていた観客が起き出して、見入ってしまう。玉三郎さんの意識の強さが線のように張られて、観客に届いているようだった。

後日の対談で私は玉三郎さんにその話をして、「まるで意識の線を張るということでしょうか」と質問した。すると、玉三郎さんは「まさにそれが今日いちばん言いたかったことなんです」と目を輝かせ、そこから一気になじんで対談が盛り上がった。

やはり本当にほめようと思ったら、相手の本質をつかまえることがとても大事で、玉三郎さんに「上手ですね」と言っても、ほめたことには少しもならない。「ほめ力」を鍛えるには、「これをほめろと言われたらどうするか」をいつも考え、本質をとらえるキーワード（この場合は「意識の線」）をつねに探す訓練をしておく必要があるだろう。

食わず嫌いをなくすと「ほめ力」がアップする

〝食わず嫌い〟をなくすことも、「ほめ力」アップのトレーニングには効果的である。

そう思ったのは、先日、新聞協会主催の「新聞シンポジウム」に参加したときだった。その会に参加するにあたって、私は事前に学生たちに「新聞に対してどう思うか」感想を書いてもらった。

彼らは私の授業で毎週新聞の切り抜きをして発表することになっていたので、新聞にはなじみが深い。

そのせいか「紙なので、手触りがあって、記憶に残りやすい」とか「宅配制度が素晴らしい」とか「一覧性があるので、他の記事も入ってきて広がってくる」とか、さらには「食料と同じくらい大切なものなので、ぜひ消費税軽減税率の対象にしてほしい」という気のきいたコメントまで寄せられた。

これは学生たちが実際に新聞記事を切り抜いて、貼りつけるという作業をしてきたお蔭だと私は思っている。もし彼らがそういうことをまったくしていなかったとして、ただたんに「新聞についてどう思うか」と聞いてみたら、「いや、読んでないですから」で終わっていたに違いない。

自分がなれ親しんだものだからこそ、「どうですか？」と聞かれたとき、ポジティブにほめるコメントが出てくるのである。

逆に言うと、人間は自分があまり知らないものに対しては否定的な感情を持つことが多い。私の大学でも、ICT（インフォメーション・アンド・コミュニケーション・テクノロジー）を活用した授業を模索しているのだが、意外にもデジタル世代と言われる学生たちがICTの授業への導入に消極的なのだ。

「紙の教材のほうが大事」という意見が多くて、正直言って驚いた。

そこで学生たちにICTをつかった授業計画を考えてきてもらうようにした。自分が教員になったとき、デジタル技術やインターネットを活用した授業をやれと言われたら、どんな内容にするか、考えてきてもらった。

すると、ＩＣＴを活用すると、色々と面白い授業ができることがわかったという声が増えた。アイデアを考えることで、学生たちはＩＣＴに一挙になじみ、「こんないいところがあるのだ」と気づいたようだ。けっこう〝食わず嫌い〟なところがあったのだ。

ある意味、〝情報偏食〟みたいなところがあるのだろう。好きなものについてはずっと入り込んでいくが、そうでないものに対しては〝偏食〟なので、「これは好きじゃない」と遮断してしまうところがある。

だから私たちは、**情報全般に対する〝偏食〟をなくして、どんなものでもいちおう知っておくようになっていたほうがいい**。

そうすれば世界はもっと広がっていく。その最初のとっかかりのところで、「ほめる力」をつかってほしいのだ。

たとえば「嫌いなものをほめてみよう」という練習をすると、いままで嫌いだったものも、ほめなければいけないので、いいところを知ろうとする。そうやって嫌いなものになれ親しんでいくことで、「意外に面白いじゃん」となっていくと、さらに「ほめる力」も磨かれていくだろう。

「ほめほめゲーム」で「ほめる力」を鍛える

いままで授業や練習、トレーニングというと、厳しいものというイメージがあった。大学の授業にしても、厳しい課題を与えて、「何やってるんだ！」「私語するな！」「ミスするな！」と厳しい雰囲気の中で、容赦なく指示を与えて、評価していたように思う。私たちはその厳しさに疲れすぎてしまったところがある。

そこで私は、前述したように課題は厳しいままだが、雰囲気が明るい授業を心がけるようにした。ゆるい課題でゆるい授業にすると、本当にだらけてしまうので、**課題は厳しいままにして、あくまでも明るい雰囲気で、評価も「いいところを見つけていく」というやり方に変えたのだ。**

めざすのは117ページで示した座標軸の「ベストゾーン」である。

授業ではなるべく「ほめコメント」を多用する。そして私が本人の目の前でじかにほめるようにしたら、学生たちから「自己肯定力が上がった気がします」「授業に出るのが楽しくなりました」など感想をたくさんもらった。

ほめるのはこんなにも効果があるとわかったので、最近はほめてほめてほめまくる「ほめほめゲーム」を授業でとりいれている。

全部で六〇人くらいの学生がいるのだが、全員がオーバーヘッドプロジェクターをつかって、一人三〇～四〇秒で自分の授業計画を発表していくのである。ものすごく速く、正確に自分の計画を話さなければいけないので、かなりハードな課題だと思う。

これを全員にやらせたあと、六〇人が真ん中を向いて輪になって座る。そして今日の発表で、誰がよかったのかを順番にどんどん立ってほめまくるようにしたのだ。

そうすれば誰の授業計画が優れたものだったのかがわかるし、それを共有することで、自分の授業計画にも生かせる。

そして最後に「とにかくランダムに立ち上がって、ほめまくる」という「ほめほめゲーム」をやってみた。順不同でどんどん立ち上がって何でもいいから、ひと言ずつほめていく。

「今日のゲームは日本人の消極的な性格を改善するためのものだからね」などといろ

いろと理屈をつけて、授業でやってみたら、全員が立ち上がってほめることができた。そして授業が終わったとたん、全員が「このゲームはすごくいい」と口々に言いはじめたのだ。感想を書いてもらうと、「アイデンティティはほめられて成立するものだと知った」とか「たくさんほめられたのは初めてのことで、すごくうれしかった。少し頭が良くなった気がする」とか「授業がまるでスポーツに思えてきました。終わったあと気分が高揚しています」など、さまざまなコメントを書いてきた。

それくらい、ほめられることはうれしいのだから、「ほめコメント」がさっと言える人間になれば、ひじょうに生きやすくなるだろう。

「ほめほめゲーム」はほめられて自己肯定力が増すだけでなく、自分の「ほめる力」が磨かれて、「ほめコメント」が言えるようになる。日頃から親しい友人や家族の間で、何でもいいからほめまくる「ほめほめゲーム」を習慣にしたらどうだろう。

向かい合って、よーいドン！　でほめまくりを開始するのだ。「ほめコメント」がなくなって黙ったほうが負けである。筋トレと同じようにほめまくる練習をつみ重ねていけば、「ほめる力」がある人間になるのは間違いない。

たくさんの中から一つを選んでほめようとすれば、すべてに対して真剣に接するようになり、コメントを工夫するようになる。

パーソナル・ポートフォリオをつくる

ほめるトレーニングには、自分で自分をほめる練習も含めたい。というのも、日本人は他人をなかなかほめない上に、自分で自分をほめるのも苦手だからだ。

岩堀美雪さんという小学校の先生が『ポートフォリオで「できる自分」になる！』（サンマーク出版）という本を出している。岩堀さんは子どもたちに自分自身の成長ファイルをつくらせているが、これは自分で自分をほめる練習にぴったりだ。

岩堀さんが子どもたちにつくらせているポートフォリオはファイルのポケットに、自分の目標や長所を書いて入れ、あとは大切にしている写真や手紙、賞状、成功したこと、そのときの写真などをどんどん入れていくというものだ。私は実物を見せてもらったが、ずっしり充実したものだった。

このパーソナル・ポートフォリオの何がいいのかというと、自己肯定感や自尊感情

HAPPY BOOK♡
letter
LOVELY Pictures
ピース!
GOOD!

パーソナル・ポートフォリオ

が育つ点だ。自分への自信を養うことができるという。要するに自分で自分をほめる道具と言ってもいいだろう。

岩堀さんの小学校で実践してとても効果があったことを知って、いまは企業でも導入しているところがたくさんあるという。これはいい傾向だと私は思う。

なぜなら、日本は大人だけでなく、子どもも他の国に比べて著しく自己肯定感が低いからだ。日本青少年研究所が二〇一一年に発表した「高校生の自己評価」によると、「私は価値のある人間だと思う」と答えた高校生はアメリカが五七・二%、中国が四二・二%、韓国が二〇・二%に対して、日本はわずか七・五%にすぎない。

また「私は自分を肯定的に評価するほう」という質問に対しては、アメリカが四一・二%、中国が三八・〇%、韓国が一八・九%に対して、日本はわずか六・二%という低さだった。その自己肯定感、自尊感情の低さが自殺率の高さにつながっているのかもしれない。

日本は治安もよく、社会のインフラも整ったいい国なのだから、もう少し自尊感情が高くてもいいのではないか、というのが岩堀さんの問題意識でもあった。

そこで自己喪失の時代における自信を養うことができる道具としてパーソナル・ポ

ートフォリオを導入しようと提案し、それが学校だけでなく、一般企業にも広がりを見せているのである。

このパーソナル・ポートフォリオには約束があって、それはいいものだけを取っておくということだ。悪いものやダメなものはここに入れてはいけない。あくまでも自分が残したいものや成功の記録だけを取っておく。

要するに「自分にはこんないいところがあったんだ！　評価シート」のようなものだ。すると成長が見えてきて、それが自信のよりどころになっていく。

そういえば、私も小学校のときに「よくできました」と先生が赤い花丸の判子を捺してくれたものや、マラソン大会のメダルや、がんばって書いた日記帳などを袋詰めにして取っておいた記憶がある。

幼稚園の卒園のときもらった大きな袋があって、それにいいものだけを詰めていた。たしか小学校から高校まで、ずっとその袋を持っていて、いろいろなものを詰めていたのだから、どれだけほめられるのが好きだったのか、と我ながらあきれてしまう。

とにかくそうした成長記録を持っていると、未来を向くとき自信になる。もちろんそんなものをしょっちゅう見返して、過去ばかりなつかしむことはしないが、しかしそういうものがあるのとないのとでは大違いだと思う。

「自分ノート」で「ほめコメント」の贈答をする

パーソナル・ポートフォリオは自分で自分をほめる練習だが、他人に「ほめコメント」を書いて渡す「自分ノート」というものもある。受け取ったほうには、この「自分ノート」が「パーソナル・ポートフォリオ」の代わりになり、「ほめコメント」を書いたほうには、人をほめる練習になる。

この「自分ノート」は私が中学生のとき、クラスの女子生徒が提案したものだ。全員が「自分ノート」という小さなノートをつくって、自分の名前を書いて、隣の人に渡す。渡された人は「齋藤くんのここがいい」といいところをひと言書いて、次の日に隣の人に渡す。

そうやって毎日ノートが回ってくる。やがて、全員が全員に対してコメントすることになる。

「パーソナル・ポートフォリオ」と同様、マイナスのことや悪いことを書いてはいけない。あくまでプラスのことしか書けない決まりになっていた。するとふだんはクラスの中でほとんど交流がない人でも、その人のことを思い出して書かなければいけないので、全員に関心を持つようになって、クラス全体の雰囲気がとてもよくなったと記憶している。

同じようなことを企業でやっているところもあるようだ。ある営業所で、そこは全国でもワーストに入る成績だったそうだが、新しく赴任した営業所長が、内勤の女性社員全員と交換日記をした、という話を聞いたことがある。男性社員には営業の途中でほめたり、注意したりできるが、女性社員とはなかなか話ができない。

そこで女性社員から日報という名の日記を書いてもらい、営業所長が毎日その日記に目を通して、ひと言コメントを書いていたそうだ。そのとき注意したのは必ずほめることだったという。文字に書いたものはずっと残るので、絶対にマイナスのことは書かなかったそうだ。

そして一年間、休まずそれをつづけたら、その営業所は翌年ナンバー1になったと言っていた。

ポジティブなものに限定してコメントが返ってくるとわかっていれば、日報を書くほうも安心して見せられるし、営業所長から「ここがいいね」とほめてもらえれば、やる気になる。それくらいほめられることは、全体の生産性をアップさせるのである。

私たちも、人からほめてもらったものはなかなか捨てにくい。おそらく年賀状などにほめまくった文章を書いて送れば、相手は捨てづらいのではないだろうか。

私の授業でもお互いに仕上げてきた課題に対して、互いに「ほめコメント」を書かせたことがある。すると、そういうものは捨てにくくなるようだ。

私自身、高校のときに書いた作文で、先生にひじょうにほめられたものがあったが、どこをほめられたかまでも鮮明に覚えている。文字の横に波線が引いてあって「よし」とか「見事」と書いてあったので、いまだに捨てられずに持っている。

そういう「ほめコメント」はたったひと言でもものすごく威力を発揮する。

私は大学で教員を養成する授業を受け持っているが、学生たちにはいつも言っている。「教師とは積極的なほめコメントを与える仕事なんだからね。四〇人のクラスを五つ受け持ったら、二〇〇人になるけれど、その全員にひと言『ほめコメント』が書けるような先生にならないといけないよ」

私自身、教育実習に行ってきた学生の実習録には、ひと言ポジティブコメントを書いて返している。

企業でも上司や先輩にあたる人は、後輩に対して付箋にでもひと言「ほめコメント」を書いて、デスクの上に貼っておいてやるといいだろう。

大人になるとなかなかほめることをやらなくなるが、だからこそたったひと言でも「ほめコメント」が効いてくるのだ。

お互いに付箋にポジティブコメントを書きあって、その人用のシートに貼っていくというようなシステムをつくると、営業成績を棒グラフにして貼りだすより、ずっと生産性が上がり、職場の雰囲気もよくなるのではないだろうか。

いまは入社して二、三年でやめてしまう若手社員も多いので、こんな「ほめコメント」を贈り合う習慣があっていいと思う。「ほめコメント」は一種の〝贈りもの〟と考えて、お互いに言葉の贈答をしあうのがいいだろう。

第六章

名人に学ぶほめテクニック

高度なテクニックを身につけよう

夏目漱石の教育的なほめ方

●「私は大好きです」というほめ方

夏目漱石は小説家、英文学者として知られているが、若いころは尋常中学校の教師や東京帝国大学で講師をするなど、教育者でもあった。そのため、人を教育的な立場からほめることができるひじょうにほめ上手な人だったと私は思っている。

それがよくわかるのが、三好行雄編の『漱石書簡集』(岩波文庫)である。漱石は手紙をたくさん書いているが、どの手紙にも漱石の人間性がにじみでていて、作品以上に素晴らしいものが多い。

たとえば『銀の匙』を書いた中勘助への手紙では、中の作品を読んだことについて「玉稿を見ました。面白う御座います」「ただ普通の小説としては事件がないから俗物は褒めないかも知れません」としたためたあとに、「私は大好きです」と書いてある。

この「私は大好きです」というところが、素直な言い方で、いかにも漱石らしい。漱石は「いいものはいい」「悪いものは悪い」とはっきり言うタイプだった。

この場合は素直にほめたあと、具体的に「甚だ心持ちの好い感じがしました」とか「自分と懸け離れているくせに自分とぴたりと合ったような親しい嬉しい感じです」とか「ああいうものに同情と尊敬を払いたいです」と、個人的な思いもつけ加えている。

手紙をもらった中勘助はうれしかったに違いない。

このようにあくまで自分の視点でほめているのだが、これは私たちも真似たいほめ方だ。「人は何と言おうと、私は好きだ」とほめればいい。「自分はいいと思います」「自分は好きです」という言い方は誰にでも通用するし、言われたほうも特別な感じがしてうれしいものだ。

中勘助の『銀の匙』はのちに有名な作品になったが、漱石のこの手紙はそうなる前の「ほめコメント」だ。中勘助が世に出るきっかけになった手紙で、彼をひじょうに励ましたに違いない。

●腹を割って、「書き言葉」で伝える

漱石が武者小路実篤にあてた手紙もある。「私にはそれが最初の御手紙よりも遥か

に心持ちがいいのです」とか「あなたが正直な事をいわないではおられない性質を持っているのが私には愉快だったからです」と書いてあって、「私はただあなたの正直な点に同感する」とある。

こういう書き方は、比較的相手に気をつかっているが、素直な感じも出ている。漱石は腹を割って話したい人間なのだ。自分は心身ともにストレスで大変な思いをしているのだが、あくまでも人に対しては腹を割った話がしたいと思っている。

このことについて三好さんは解説の中で「向き合って坐っていて、そのままで腹の中がはっきり透いて見えるような、透明な相手を愛していた漱石は、書簡で自分の腹の中の事を、少しも隠し立てする事がなかった」と説明している。

このように、相手に本当のことを伝えたいときは、話し言葉より書き言葉のほうが真意が伝わりやすいこともある。手紙やメールのほうが本当のことが言えて、あとにも残るので、上の立場にある者が若い人に言葉を贈るときは、こんなふうに書き言葉にしてやるのもひとつのやり方だと思う。若い人にとってはそれが宝物になるだろう。

有名なものとしては、漱石が芥川龍之介にあてた手紙がある。芥川の『鼻』に対する批評だが、「あなたのものは大変面白いと思います。落着があって巫山戯《ふざけ》ていなくって自然そのままの可笑味《おかしみ》がおっとり出ている所に上品な趣がありますとあり、さらに「材料が非常に新らしい」とか「文章が要領を得て能《よ》く整っています。敬服しました」とほめている。

そして「ああいうものをこれから二、三十並べて御覧なさい。文壇で類のない作家になれます」「ずんずん御進みなさい」「群衆は眼中に置かない方が身体の薬です」と書き、「感じた通りをそのままつけ加えて置きます」と結んでいる。

芥川は漱石に言われた通り、本当に二〇、三〇と作品を並べた。すると〝文壇で類のない作家〟になっていったので、芥川龍之介は漱石の眼力によって育ったといってもいいだろう。

●生身の自分を感じさせる

ついでに芥川龍之介と久米正雄にあてた手紙も紹介しよう。漱石は二人に対して「君方は新時代の作家になるつもりでしょう。僕もそのつもりであなた方の将来を見ています」「むやみにあせってはいけません」「ただ牛のように図々しく進んで行くのが大事です」という温かい言葉をかけている。

そしてこの手紙の終わり方がとても面白い。「私はこんな長い手紙をただ書くのです。（略）そういう心持の中に入っている自分を君らに紹介するために書くのです。それからそういう心持でいる事を自分で味って見るために書くのです。日は長いのです。四方は蟬の声で埋《うずま》っています」と結んでいる。

つまり自分の感覚と一緒にこういうコメントをしているのだ。だからひじょうに生身の漱石が感じられる親しい手紙になっている。

漱石の二人に対するほめ方も面白い。「君方は能く本を読むから感心です。しかもそれを軽蔑し得るために読むんだから偉い。ひやかすんじゃありません。賞めてるんです」と書いてある。こういうほめ方はユーモアがあって、ほめられたほうもリラックスできる。

ほめるだけでなく、漱石は不満もちゃんと告げている。「これからその不満の方を述べます」と書いて、いろいろ細かく指摘している。そして「最後に久米君に忠告します。どうぞあの真四角な怒ったような字はよして下さい」と結んでいる。

漱石は知的かつ面白い人だ。当人は胃病や神経衰弱などいろいろ苦しんでいながら、書いてあることは心づかいにあふれていて、教育的配慮が感じられる。漱石の手紙を何度も読み直していると、私たちも漱石から励まされ、元気になる感じがする。

●第三者を通してほめる〝高等技〟

鈴木三重吉に対しても、漱石は実に的確なアドバイスを与えている。漱石は三重吉に手紙を何度も送っているが、三重吉は漱石の手紙に大感激して、漱石絶賛の手紙を巻紙五メートルにしたためて、友人の中川芳太郎へ送ったことがある。

その手紙は中川によって漱石の元に送り届けられたのだが、漱石もまたおおいに感じるところがあったらしい。

手紙を届けてくれた中川に漱石も長い返事を書いている。小山文雄さんの『漱石先生からの手紙　寅彦・豊隆・三重吉』（岩波書店）にはこのときの漱石の手紙が引用されている。

「あれ丈《だけ》長く僕の事をかいて居り又あれ丈《だけ》僕の事をほめて居るが少しも御世辞らしい所がない」「ウソらしい文句がない。誇張も何もない。どうしても真摯《しんし》な感じとしか受取れん。是《これ》が僕の三重吉君に尤《もっと》も深く謝する所である」

漱石も三重吉の素直な「ほめコメント」に心を動かされたわけである。その後、三重吉は能美島というところに行く。漱石は手紙で「君は島に渡ったそうですね。何かそれを材料にして写生文でもまたは小説のようなものでもかいて御覧なさい。われわれには到底想像のつかない面白い事が沢山あるに相違ない」と書いて送った。三重吉はその通りに『千鳥』という小説を書いたら、彼の代表作になったわけだ。そのいきさつはこうだ。

三重吉は『千鳥』の原稿をまずは漱石に送っている。すると漱石から「傑作だ」とほめられた。「こう云う風にかいたものは普通の小説家に到底望めない。甚《はなは》だ面白い」と漱石はほめた上で、「強《し》いて難を云えば段落と順序が整然として居らん」と足りないところを指摘し、三重吉に面白いものをもっと沢山書きなさい、と言って、おおいに励ましている。

さらに漱石は虚子にもわざわざ手紙を書いて、三重吉のことをほめている。「名作を得たり」「僕の門下生からこんな面白いものをかく人が出るかと思うと先生は顔色なし」とまで言っている。このように第三者にまでわざわざ伝えてほめてもらえれば、ほめられたほうも本望だろう。

●日本を教育することに心血を注ぐ

もし漱石のこの「ほめ＝励ましコメント」がなかったら、鈴木三重吉は文学者として歴史に残らなかったかもしれない。三重吉が活躍して生まれた『赤い鳥』も存在しなかったろう。子どもの教育に大きな影響を与え、北原白秋を生んだこの『赤い鳥』が存在しなかったとしたら、日本の文学史はもちろん、日本の教育も大きく変わっていたに違いない。

そう考えると、夏目漱石は、手紙でみんなを励まして、さまざまな人材を育てた立派な先生だったといえる。漱石自身は「私なんかに会っても、何の得もありません」とか「私は人の先生にはなれません」と謙遜するのだが、彼の家にはいつも門下生が集まり、一種のサロンのようなものをつくっていた。彼が立派な教育者だった証拠である。

漱石と知り合えた人たちは幸せだったろう。それは漱石が一人ひとりを認めて、具体的にその人たちの作品をほめたり、批評してあげたからだ。

漱石は一般的な授業をしていたのではない。一人ひとりとの付き合いの中で「ここは良かったよ」「ここはこうしたほうがいいね」と指摘していった。漱石にとっては、かなり大変だったと思うが、門下生にとっては素晴らしい先生だったに違いない。

おそらく漱石には日本に対する責任感もあったのだと思う。「みんなで日本をよくしていかなければいけない。レベルを高くして欧米と対等にならなければいけない」という熱い思いがあって、漱石は心血を注いだのだと思う。

もともと教師をやりたかった人ではなかっただけに、家族や自分を犠牲にしてまで、日本のために人々を教育したのだと思うと、感慨深い。

阿川佐和子さんの〝聞く〟ほめ方

●事前に周辺情報を入手する

阿川佐和子さんについては、すでにそのプロテクニックについてふれているが、書ききれなかったことについて、ここで補足しておく。

阿川さんのすごいところは、相手に応じて話し方がさっと変えられる点だ。『阿川佐和子のこの人に会いたい8』には、先日亡くなられた三國連太郎さんとの対談がおさめられている。

対面早々、阿川さんは三國さんに対して「歩いていらっしゃるのをお見かけしておりました」という入り方をする。人間関係的に目上の人に対する敬語のつかい方や話し方は完璧で、そのスタイルを崩すことはない。だが、その中に親しみを込めていくのを忘れないのが阿川さんの特長だ。

それを実行するために、相手に対する知識や周辺情報をしっかり入手している。阿川さんは三國さんに対しても、「三國さんは実は釣りはお好きじゃないとか」というように周辺情報を入れて、相手を笑わせ、三國さんから「実はあれは……」という面白そうなエピソードを引き出している。

このように、相手をリラックスさせたり、ちょっとほめたりするには、事前の準備や周辺情報の収集は欠かせない。『徹子の部屋』はゲストをほめる番組といってもいいが、司会の黒柳徹子さんも、赤のサインペンで周辺情報が書かれた紙を七、八枚並べて本番にのぞんでいる。そこには事前の打ち合わせで得られた情報も、すべて自筆で書き込んである。

私も二度ほど出させてもらったが、しっかり私関連の情報とプラスアルファの知識が書き込まれていた。

周辺情報を話すだけなら、スタッフが用意したものを見ればいいのかもしれないが、それだと自分の頭の中を通過していないので、微妙に「間」が開くことがあるのだろう。しかし一回、自分の目を通して、文字にして書いておくと、さっと入りやすいし、書くことで記憶にも残る。そうすると、話の途中で「間」があかないよう、ちゃんと話の接ぎ穂をついでいけるのだ。

ほめるためにはけっこうな準備と周辺情報が必要だということが、この例でもわかる。

●ほめつつズラす技をつかう

阿川さんの話に戻ると、同じ三國さんとの対談で、芝居が小手先になってはいけないという話題から、息子の佐藤浩市さんの話になる。阿川さんが「それは浩市さんのことではなくて……?」と水を向けると、三國さんは「浩市も然りです」と言う。

阿川さんは浩市さんについて「でもニヒルな味があるし、お上手で、いい役者さんだと思いますけど」とほめる。対談相手の息子さんだから、きちんとほめる気配りを忘れない。

三國さんは「器用にやっちゃいけない」と息子の演技について謙遜するのだが、阿川さんはすかさず「（それでは）どうすればいいんですか」と質問して、「遊ぶことですね」という三國さんの答えを引き出している。そして「三國さんはずいぶんお遊びになりましたか」となおも質問して、自然に話の流れをつくっていくのだ。ここにも阿川さんが得意とする、「ほめつつズラす」技がつかわれている。

阿川さんの対談に共通するのは、相手が言っていることを確認したり、言い換えることで、話の流れをつくることだ。相手に質問して答えを引き出し、「へえ〜」とか「なるほど」とか「そうか」という共感フレーズを多用して相手をのせ、その場を盛り上げていく。

これらは相手の言っていることによく耳を傾けなければできないことで、まさに阿川さんの大ベストセラーとなった『聞く力』（文春新書）が必要とされている。

芸人〝有吉〟の毒舌のほめ方

●損得を入れるといやらしくなる

お笑い芸人の中でも有吉弘行さんは毒舌で有名だが、その毒舌は相手を傷つけないどころか、毒舌を言われてブレークする芸人さんもいるくらいインパクトが大きいので、形を変えた「ほめコメント」と言ってもいいだろう。有吉さんにあだ名をつけてもらったり、毒舌を言われたい芸能人はたくさんいるはずだ。

「ほめコメント」の対極にある毒舌だが、毒を吐く有吉さんが意外にも好感度が高いことから見ても、有吉さんの毒舌は「ほめる力」に通じるものがあると思う。

私は、有吉さんが書いた『嫌われない毒舌のすすめ』（ベスト新書）が大変参考になると思う。「ほめる」ということがどういうことか、この本を読むと、有吉さん流の独特の角度から見えてきていろいろな発見がある。

たとえば売れている芸能人に、揉み手をしながら近づいてくる人の話がのっている。本当に絵に描いたように〝ガチで〟揉み手をして、近寄ってくるそうだ。「揉み手で近寄ってくるヤツは、本当にロクなもんじゃない」と有吉さんは書いている。

こういう人たちは、お世辞やおべっかを頻繁につかうが、それで相手をほめているつもりでも、相手にとっては実にいやな印象しか与えていない。大事なのは自分の損得と関係がない態度をとってほめることなのだが、揉み手で近づく人はそれで得をしようと思っているのがあからさまに出てしまうので、いやらしい感じがするのだろう。

学校の先生も無理に子どもをほめていると、先生のほうが子どもに気をつかっている感じが出てしまって、子どもになめられてしまう。だからほめるときは、損得に関係なく、ほめることが重要だ。それができると、お世辞とはかなり違う感じになる。

●先輩の話に徹底して耳を傾ける

有吉さんのテクニックで大変参考になるのが、目上の人への接し方だ。「上手に転がす方法」という章があって、その中に上司や先輩をサシで飲みに誘うという作戦がある。「サシ飲みに誘って、そこでは徹底的に話を聞いてあげて、ひたすら共感して持ち上げてる」のだそうである。

〝サシ飲み〟とは二人で飲むことだが、最近の若い人は上司をサシ飲みに誘うことなどめったにしないだろう。そんなことをしたら、説教でもされるのではないかと警戒するのかもしれない。

だが、有吉さんはさすがに厳しい芸能界を生き抜いてきただけある。**先輩を積極的にサシ飲みに誘い、徹底的に相手に合わせて話を聞いてあげるのだ。「いい加減に聞いたり、相手がマジメな話をしているときに軽くツッコんだりは一切しない」**

そしてそれが感動話なら「僕も感動します！」と話を盛り上げ、相手が何かに頭に来ていたら、「それは、もし僕だって頭に来ますよ！　○○さん、よくガマンしましたね」と一緒に怒ってみせる。「要するに、相手の話に共感してあげて、それがどんなにツマんなくても、徹底してその話題に付き合ってあげ」るのだ。

有吉さんは表現が面白いのだが、同じ芸人仲間で先輩にあたるダチョウ倶楽部の上島竜兵さんをサシ飲みに誘うのは、「そろそろフォローしとくか」というタイミングのときだという。

そして「上島さんの毒にも薬にもならないような、どーでもいいツマんない話を真剣な顔」で聞くそうだ。すると上島さんは「やっぱり、有吉は俺が思ってた通りの人間だ」と思ってくれるので、「みんなの前で何を言っても、どんなにヒドイことしても大丈夫」になる。

●苦手なタイプには質問返しとおうむ返し

苦手なタイプに対しては、有吉さんは質問に徹していく。「答えがあることを質問して相手を気持ち良くさせる」と、相手が調子に乗ってどんどん話すようになる。

またどんな話でも「わかる、わかるよ」と共感してあげると、相手もいい気持ちになる。とにかくおうむ返しに相手に共感して、「それ、わかるんだよね」と相手のことを認めてあげる。要は「向こうが話したことを繰り返してればいいんです。そいつが言ったことの『おうむ返し』をしてりゃいいんですよ」ということらしい。

これらはみな有吉さんの芸能界で生き抜く戦略のようなものだ。「相手を転がす」という言い方をしているので、あざといと感じる人もいるかもしれないが、有吉さんのそのやり方で、ダチョウ倶楽部のメンバーからも好かれまくって、肥後克広さんからは「俺はおまえがかわいすぎる。養子にしたい」と言われるくらいだから、方法としてけっして間違っていない。

相手に合わせて、話を聞き、共感し、さらに質問やおうむ返しで話を引き出すやり

方は私たちも日常的につかえる技だ。先輩や上司、目上の人をうまくほめて〝転がしたい〟ときに有吉さんのやり方はおおいに参考になる。

マツコ・デラックスに見る酷評のほめ方

●素直に負けを認めて、懺悔する

有吉さんと似ているのが、やはり毒舌で有名なマツコ・デラックスさんである。マツコさんは知的で鋭いコメントをするのだが、『世迷いごと』（双葉文庫）という著書にも面白いポイントがたくさんある。

たとえば「川島なお美を理解するのに10年かかったわ」という項目があって、「川島なお美だけは、アタシが思っていたことと最大級に結果が違っていた。こんなに懺悔したことって、ないわね。川島なお美を評価するなんて、ムチャクチャ屈辱的なことなんだけど、素直に『負けました』って言いたいです」と書いている。

マツコさんは本質を見抜く辛口のコメントを言うことが仕事になっている人だが、川島なお美に対しても、「この人はこういう人」と切っていたら、まったく違ったという。評価できない人だと思っていったん切り捨てたら、もう一度その人を再び評価することは普通しない。だがマツコさんは長い目で見て評価が変わったときに、「負けたわ」と素直に自分の考え違いを認めている。

マツコさんはかつて川島なお美のことを「生き恥をさらしている哀れな女」と評していたのだ。だが、「実は川島なお美って、より近しい人にとっては、けっこう健全なキャラクターだったのよね」と気づき、自分の「人を見る目の底の浅さに愕然とし」たのである。

それが「懺悔」につながるのだが、これはとても大切なことだ。自分の中で評価の基準が広がったり、何かが認められるようになるのは、とりもなおさず自分自身が成長したことの証でもある。そこは素直に認めて、相手への評価を変えたほうがいい。

私もけっこう経験がある。外では絶対やらないが、家の中ではときどきテレビを見ていて酷評につぐ酷評をしていることがある。しかし評価を誤ってしまって、完全に自分の見る目がなかったと気づかされることもしばしばだ。

たとえばスポーツの試合などで、ある選手のことをボロカスにけなしていたら、次の試合で大活躍して、「この人、こんなに伸びる人だったんだ。ごめん、ごめん」というようなことがよくある。

こういうときに、自分の見る目のなさや心の変化を認めることが実は大事だ。「自分に眼力がある」と思い込みすぎていると、決めつけになってしまい、あとで事実が違っていても、それを認めたくないために依怙地になって、ますます偏った見方になってしまう。

マツコさんは相当眼力があるのに、自分が間違っていたと思うと、懺悔する客観性や素直さがある。それがあるから、さらに視点が広げられるのだ。マツコさんほどの人が「底が浅かった」と懺悔するほどだから、「いわんや眼力のない人においてをや」なのだが、眼力のない人ほど視点を広げない。ひとつの視点に固執し、「あれはダメ。嫌い」と切り捨ててしまう。

だが視点が広がるのは、自分にとってもひじょうに幸福で快感を感じる瞬間だと素直に思うことが大事だ。新たな視点を見出して、いままでの決めつけから逃れるのが人間の快感である。だから自分の間違いを素直に認めたくない人は、視点を広げて相手を認めると、このような幸せが待っていて、見る目も磨かれてくるのだと、くり返し、自分に言い聞かせておこう。

●「何となく嫌い」に注目する

マッコさんのほめ方は酷評と紙一重のところがあって、とても面白い。「大竹しのぶの体からは狂気がにじみ出ているの。半狂乱になったオンナって、そうだれしもがやれる役じゃない」とか「広末涼子には田中絹代のイメージがあるの。（略）広末涼子もオンナとして幸せになるタイプじゃないわね。ま、幸せになりそうな芸能人なんか、アタシ、あんまし興味がないけど」などというほめ方はマッコさん独特で、かなり角度がある。評されたほうも、うれしいに違いない。

マッコさんのほめ方のコツは、他の人が「何となく嫌い」と思っているところを、あえて取り上げるところだ。たとえば高岡早紀について「高岡早紀の体を通りすぎた男たちは、ハードな人生を歩むことになるの。そりゃそうよ。だって、エロスの化身だもの」「高岡早紀の体を味わった男は、生きる屍になるか、出家するしかないの」と評し、さらには彼女の演技について、「このオンナ、『素』も意地が悪いんじゃないって思わせる何かがあったの。じゃないと、あんな演技、やれないわ。あの年でなかなか最近の女優にはない底意地の悪さなのよ」という。

けなしているようで、ちゃんとほめている。普通の人が「あれっ？」と思うところをスッと認めるすごみがある。

マッコさんや有吉さんがテレビでひじょうに需要があるのは、毒舌というものをギリギリのラインでうまくこなして、「ほめ」に転換できるテクニックがあるからだ。毒舌はやりすぎてしまうと不快感を与えてしまう。そこに何かしら眼力と真実があって、しかも歯に衣きせず、スパッと言うと、聞いているほうも気持ちがいい。

まさに**毒舌は自分の審美眼や感覚を前面に押し出していく「ほめる力」**の〝高等技〟だ。それが世の中とズレすぎていると、「何言ってるんだ、この人」と反発をくらってしまうので、世の中の人が「ああ、言われてみればそうだった」というところをピンポイントで突いていく必要がある。

これはひじょうに難しい技だと思う。芸能人でもマッコさんや有吉さんのように、本当にごく一部の限られた人たちしかできない芸当だから、普通の人が真似をするのは難しいかもしれない。

私は人生を毒舌でスタートしてしまい、しかも有吉さんやマツコさんのようにギリギリのラインでこなせる眼力がなかったので、ろくなことがなかった。あえて言うが、**凡人は毒舌をはいて得なことはない。なぜなら人を酷評したり、毒舌をはくと、必ず自分に返ってくるからだ。**

だから自信がない人は、発言をコントロールしたほうがいい。「本当のことなら言っていい」のではなくて、「本当のことは言ってはいけない」と思って暮らしたほうが、はるかに安全だ。毒舌や酷評はごく一部の「ほめ名人」に許される免許皆伝の高等テクニックだと割り切って、我々はひたすら観賞するにとどまったほうがいいかもしれない。

おわりに

この本は、「ほめコメント」の需要と供給のアンバランスがもたらす不幸を減らし、より幸福な人間関係をもたらすために書かれた。こう書くと妙に力んだ形になるが、ようするに、「みんなもっとほめる力をつけて、明るく生きようよ」ということだ。これは私自身の人生の反省も込められているメッセージだ。

言葉の力は大きい。失敗を恐れすぎる心も、「ナイストライ！」といつも言われていれば、少しずつ勇気が身について、チャレンジを恐れなくなる。

日本人はほめべたである。心で思っていても、口に出して言えない。「言うのが恥ずかしい」とか「言うほどのことではない」という意識が根強いからだ。

その理由はいくつかあって、ひとつは武士道的な抑圧もあるし、社会全体が「言う文化」になっていないこともある。

それ以外にも嫉妬心や競争心にさえぎられて、素直にほめられなかったり、相手の立場に立って物事が考えられなかったり、自分に苦労や経験が少ないために、相手の想いを身に沁みて感じることができないなど、いろいろな要因がある。

だからこそ「ほめコメント」をきっかけにして、自分自身が解放されていけるのが今回の本の最大のポイントである。

私は学生たちにとにかく「ほめるコメントをするのは、自分のためなんだよ」とくり返し言っている。「ほめコメント」によって自分自身が解放され、視点も広がり、さらに相手が喜ぶ姿を見て、自分が元気になれるのだ。

「情けは人のためならず」ということわざがあるが、「ほめは人のためならず」だ。めぐりめぐって、「ほめ」は自分に回ってくる。そう思っていると、心が広くなる。

一度人をほめるだけほめてみるといい。ほめないでイジイジしていたときや、こっそり陰でけなしていたときとは想像もできないほど、自分自身が解放され、いい気持ちになるはずだ。

しかし「ほめコメント」はただ「すごいね」と言っているだけでは相手に届かない。大切なのは相手に届いて、相手が変わることだ。相手の心にふれると、自分自身が解放される喜びはさらに倍増される。だから受け取った相手が大事にしたくなる言葉でほめることが大切だ。

「ほめコメント」をきちんとした言葉で具体的に語れるようになるのが、日本人に必要なこれからの方向性だろう。

私たちはお世辞を言ったり、社交辞令を言う必要はまったくない。それらは「ほめる力」の本質ではないからだ。またラテン系の国々のように「あなたは美しいです」とべたほめしたり、誰とでもハグしてしまうやり方も日本人にはそぐわない。

この国にはもう少し落ちついた形のほめ方があると思う。そういえば茶道でも、さまざまなほめ方の伝統がある。**日本人らしいおもてなしの心を持った、自分も相手も心から喜べるようなほめ方を追求しよう。心の重荷をはずして、自然にスッとほめられる「ほめる力」をぜひ身につけてほしい。**

解説

水野敬也

のっけからこんなこと言うのも何なんですが、この解説文の原稿料すごく安いんですよ。

いや、一般的な基準からしたら全然普通なのかもしれませんが、ほら、私の場合、本が売れてますでしょう？　『夢をかなえるゾウ』シリーズや『人生はニャンとかなる！』シリーズは今もなお飛ぶ鳥落とす勢いで売れ続けており、もう、落ちた鳥が「万里の長城かよ」ってくらいうず高く積み上がっておるものですから、正直こういった解説文的な仕事は受けることはまずないのですが、今回、「齋藤先生の『ほめる力』の文庫版の解説書きませんか？」という依頼に対しては全力で飛びつかせていただくことになりました。

齋藤先生が『語彙力こそが教養である』（角川新書）という本の中で、私のことを、

「彼は、いい話をユーモアたっぷりに語ることにおいては天下一品です。人を文章で笑わせるのはなかなか難しく……」

と、まさに本書の中にある技術をふんだんに使ってほめてくれたのです。

それ以来、もし齋藤先生のお役に立てることがあったらなんなりと申し付けてほしいとクラウチングスタートで待っていたわけですから、「ほめる力」の威力は本当にすごいと思います。

そもそも、この→一六行の文章書くのに五時間かかってますからね。

いや、最初は真面目な雰囲気で書いていたんです。『ほめる力』について解説文を書くのだから、まず、『ほめる力』という本書自体をほめてみてはどうかと考え、

「齋藤先生がこれほど長く実用書の第一線で活躍できている理由はこの本にすべて詰まっています。多くの実用書の著者は自分の経験談を話すだけにとどまり、それはえてして『自慢話』になりがちですが、齋藤先生の場合は、自分の話を出す際は、あくまで失敗談として紹介し、良い例として豊富な知識を引用しています。こうすることで、読者の自尊心を高めつつ成長をうながすことができ、このスタイルが徹底できているのは、海外で出版された優れた実用書だけであり……」

しかし、こうした流れで書き進めて原稿の半ばに差し掛かったとき「こんな文章では齋藤先生を満足させることはできん！」と頭をかきむしることになりました。齋藤先生は、私の文章に対して「いい話をユーモアたっぷりに語ることについて天下一品です」とほめてくれているのです。

そこで書いた文章をすべて捨て去り、ゼロから試行錯誤を重ねた結果、冒頭の一文「原稿料すごく安いんですよ」に辿りついたわけなのです（編集の柴山さん大変申し訳ありません！　本当は安いとは思ってませんので！　有り難く頂戴しておきます！）

つまりは齋藤先生のほめ言葉が私により良い文章を目指させたのですが――ほめる力には、「人の潜在能力を引き出す」という優れた効果があります。そして、従来の「ほめる」が「目上の人などにお世辞を言って取り入ること」を主眼にしているのに対して、「ほめる」ことの隠れた（かつ本質的な）効果が明記されていることが、本書が他の類書と一線を画している点だと言えるでしょう。そして、本書が「ほめる」コミュニケーションの本質に迫ることができた理由は、齋藤先生が教育者であることが大いに関係していると思います。数多くの生徒たちに接し、サポートする中で、「ほめる」という行為がいかに人を成長させるのかを実感していたからこそ、この本が書けたのだと思います。

私が最初の本を書こうと決めてから一五年が経ち、作家志望や漫画家志望の若い人たちがウチの事務所に出入りするようになりました（ちなみに、私が作家になろうと決めた二〇〇二年のベストセラーは、齋藤先生の『声に出して読みたい日本語』でした。書店のベストセラーランキングを見るたびに羨望の眼差しを向け、また「俺もやってやる！」と自分を奮い立たせて書いた本が処女作『ウケる技術』です。その意味でも私は齋藤先生に育てて頂いたのです）。現在、私は、作家志望・漫画家志望の若い人の作品を見て意見する機会があるのですが、今回、この本を読み返して、改めて「ほめる」ことがいかに大事かを身につまされました。問題点を指摘するのは簡単です。しかし、その問題点をクリアしたいというモチベーション、そしてクリアできるという自信を持ってもらうことが何よりも大事で、その方法はすべて本書に書かれてありました。『ウケる技術』を書いていたころの自分にとって「ほめる」というコミュニケーションは、恋愛をはじめ「相手に気に入られる」ことがすべてだったので、時の経過によって違った発見があるのも本書の特長だと言えるでしょう。その意味でも、『ほめる力』の文庫本は手元に置き、折に触れ読み返していきたいと思います。

……と、ここまで書いて、「よし、なかなか良い感じでまとまってきたぞ」と筆を置こうとしたのですが、ふと、猛烈な不安に襲われました。それは、本書の第二章「土俵入りする感覚を身につける」にあるように、今、私が書いているのは齋藤先生の本の解説文なのだから土俵の外から眺めて書かねばならないはずなのに、冒頭から自分の話ばかりを書き連ねてしまってるということです。きっと、こんなわがままな文章に対しても、齋藤先生は優しくほめてくれるのだと思いますが、私自身としては、早速折に触れたようなので、この解説文を書き終え次第、再び本書を読み返すことにしたいと思います。

編集協力　辻由美子

本書は二〇一三年十一月、筑摩書房より刊行された。

質問力　齋藤孝

コミュニケーション上達の秘訣は質問力にあり！　これさえ磨けば、初対面の人からも深い話が引き出せる。話題の本の、待望の文庫化。（斎藤兆史）

段取り力　齋藤孝

仕事でも勉強でも、うまくいかない時は「段取りが悪かったのではないか」と思えば道が開かれる。段取り名人となるコツを伝授する！（池上彰）

コメント力　齋藤孝

オリジナリティのあるコメントを言えるかどうかで「おもしろい人」、「できる人」という評価が決まる。優れたコメントに学べ！

齋藤孝の速読塾　齋藤孝

二割読書法、キーワード探し、呼吸法から本の選び方まで著者が実践する「脳が活性化し理解力が高まる」夢の読書法を大公開！（水道橋博士）

齋藤孝の企画塾　齋藤孝

「企画」は現実を動かし、実現してこそ意義がある。成功の秘訣は何だったかを学び、「企画力」の鍛え方を初級編・上級編に分けて解説する。（岩崎夏海）

仕事力　齋藤孝

「仕事力」をつけて自由になろう！　課題を小さく明確なことに落とし込み、2週間で集中して取り組めば、必ずできる人になる。（海老原嗣生）

前向き力　齋藤孝

「がんばっているのに、うまくいかない」あなた。ちょっと力を抜いて、くよくよ、ごちゃごちゃから抜け出すとすっきりうまくいきます。（名越康文）

やる気も成績も必ず上がる家庭勉強法　齋藤孝

勉強はやれば必ずできるようになる！　ちょっとしたコツで勉強が好きになり、苦痛が減る方法を伝授する。家庭で親が子どもと一緒に学べる方法とは？

現代語訳　文明論之概略　福澤諭吉　齋藤孝＝訳

「文明」の本質と時代の課題を、鋭い知性で捉え、巧みな文体で説く。福澤諭吉の最高傑作にして近代日本を代表する重要著作が現代語でよみがえる。

論語　齋藤孝訳

「学ぶ」ことを人生の軸とする。――読み直すほどに新しい東洋の大古典『論語』。読みやすい現代語訳に原文と書き下し文をあわせ収めた新定番。